한무영 교수와 함께하는
빗물 탐구생활

한무영 교수와 함께하는
빗물 탐구생활

한무영 글 | 이은미 그림

리잼

머리말

최근 들어 홍수와 가뭄, 물 부족, 산불 등 기후변화 때문에 우리 지구가 몸살을 앓고 있습니다. 이 모든 문제들이 빗물과 관계가 있으며 빗물 관리를 잘하면 그와 같은 피해를 많이 줄일 수 있습니다.

특히 우리나라는 국토의 70%가 산으로 이루어졌고, 여름에 비가 집중해서 내리므로 지형과 기후가 빗물 관리를 하기에 가장 어려운 나라입니다. 그런데 우리 선조들이 삼천리 금수강산이라는 아름다운 국토를 남겨주신 것을 보면 빗물 관리의 철학이나 기술이 남다르게 높았다는 것을 알 수 있습니다. 세계 최초의 측우기 발명도 그렇고, 전국에 인공적으로 파 놓은 연못들이 바로 그 증거입니다. 그러고 보면 과거의 우리 선조들은 빗물 관리 세계 챔피언이었던 것 같습니다.

하지만 현대사회가 되면서 빗물에 대한 여러 가지 오해가 생겨 났습니다. "비를 맞으면 대머리가 된다. 빗물은 더럽다. 빗물은 도시에 홍수를 일으키는 골칫덩어리다." 하는 오해를 가지고 있습니다. 이와 같은 오해가 사실인지 아닌지는 누구든지 과학의 힘으로 수치를 이용하여 증명할 수 있습니다. 아는 것이 힘이지요.

이 책의 목표는 학생들이 빗물에 대한 지식을 스스로 깨닫도록 하는 것입니다. 빗물에 대해서 잘 알면 필요 없는 고민과 수고를 하지 않아도 되고, 빗물을 우리 생활에서 활용하여 도움이 되게 할 수 있어요. 간단한 실험으로 여러분이 증명하여 활용을 해 보기 바랍니다.

이 책에서 얻은 지식을 가지고 전 세계에서 빗물 때문에 고통을 받는 사람들의 생명과 재산을 구해 줄 생각을 하면서 공부를 해 보기 바랍니다. 가장 열악한 환경에서 얻어진 빗물 관리에 관한 과학과 철학을 가진 여러분은 다가오는 기후변화 시대에 지구를 구할 수 있는 빗물 관리 챔피언이 될 것입니다.

서울대학교
빗물박사 한무영 교수

차례

머리말 · 4

1장 | 빗물은 무엇일까
빗물의 탄생 12
물의 근원은 빗물 14
빗방울의 가치 16
빗물 모으기 18

2장 | 빗물의 수질
한번 산성비는 영원한 산성비? 22
어떤 물이 맛있나? 28
고인 물은 다 썩는다고? 32
빗물은 어디에서 가장 깨끗할까? 36

3장 | 빗물의 이용
식물은 어떤 물을 좋아하나? 42
물고기는 어떤 물을 좋아하나? 45
빗물이 빨래가 더 잘된다? 49
빗물로 머리를 감으면? 55

4장 | 빗물 저장조

빗물 저장조가 빗물을 정화시킨다? 60
빗물 저장조는 어떻게 만들까? 64
빗물 저장조는 어떤 색이 좋을까? 68
빗물 저장조로 에너지를 아낀다? 71

5장 | 빗물의 과학

빗물이 흐르는 모양을 관찰하자 80
어느 물이 잘 어나? 82
태양이 빗물을 소독해 준다고? 85
물을 땅속에 넣으려면? 87

6장 | 우리나라의 우수한 빗물 관리

주요 나라들의 강수량과 분산치 96
비를 재다 – 측우기의 구조 99
비를 모으다 – 벽골제 102
선조들의 분산형 물 관리 – 다랭이 논과 둠벙 103
비를 마시다 – 제주 ㅊ、ㅎ항 105

부록 | 외국의 빗물 활용법 · 107
빗물의 pH 측정 · 120

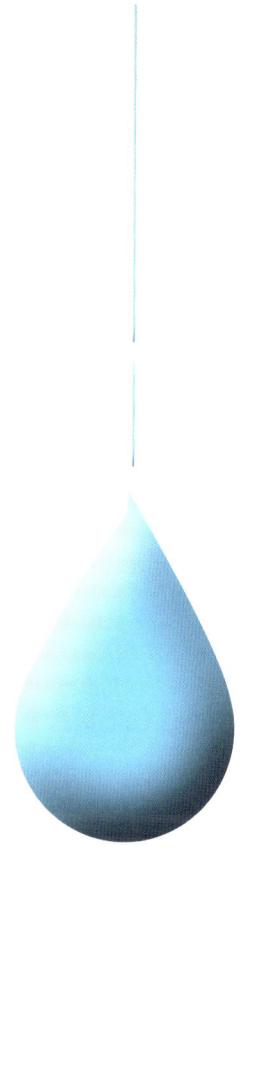

1장 빗물은 무엇일까

빗물의 탄생

　흔히 지구를 초록별 또는 물의 행성이라고 불러요. 태양계의 여러 행성 중 유독 지구에만 물이 있기 때문이에요.

　하지만 46억 년 전 지구가 막 탄생했을 때, 지구에는 물이 없었어요. 물뿐 아니라 지구를 둘러싸고 있는 대기 또한 없었답니다. 처음에는 불덩어리였던 지구가 차츰 식으면서 화산 폭발이 일어났고, 지구 내부에서 빠져나온 기체들이 지구를 감싸는 대기가 되었지요.

　이때 대기의 대부분이었던 수증기가 점점 더 크게 뭉쳐졌고 더 이상 버틸 수 없는 상태가 되었어요. 이 수증기들은 비가 되어 수백 년 동안 지표면에 떨어졌어요. 그래서 지표면의 낮은 부분은 물로 채워지고 바다가 생기게 된 것이랍니다.

일부 과학자들은 물이 풍부한 소행성이 지구에 계속 충돌해서 바다가 생겼다고 말하기도 해요. 소행성에 있는 원소 구성 비율이 바닷물과 거의 일치하기 때문이에요.

물 분자 모형

물 분자는 수소 원자와 산소 원자가 104.5도의 각도로 구부러져 있어요. 그래서 물은 매우 강한 표면장력을 지니고, 끓는점과 녹는점이 높아요. 만약 물 분자의 구조가 180도의 일직선이었다면 지구에 생명체가 탄생하지 못했을지도 몰라요. 왜냐하면 물이 -80℃에서 끓게 되어 지구의 모든 물이 기체가 되어 사라져 버리기 때문이지요.

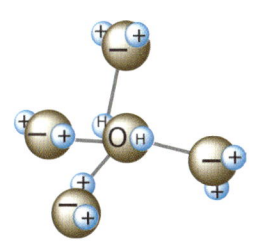

▶ 물 분자를 이루는 수소와 산소의 결합은 구부러진 것처럼 보이고 전체는 삼각뿔 모양이에요.

물의 근원은 빗물

지구상의 물은 약 97%가 바다에 존재하고, 2%가 빙산과 빙하에 포함되어 있어요. 그리고 나머지는 지하수, 호수, 염분호, 토양, 강 등에 있답니다. 물은 한곳에 머물러 있지 않고, 비, 구름, 바다 등 다양한 형태로 변하면서 순환해요. 태양열에 의해 증발된 물은 대기 중에 모여 구름을 만들지요. 구름에 포함된 수증기가 모여 비, 눈, 우박 등으로 떨어지는 거랍니다.

약수, 생수, 지하수, 하천수, 댐수 등 모든 물의 근원은 빗물이에요.

비가 산에 떨어지면 계곡수가 되고 이것이 냇물이 되고 강물이 되어 결국 바다로 흘러가요. 이 과정에서 물의 일부는 증발하고 지하에 들어가지요. 지하에 들어간 물은 천천히 솟아나 약수가 되기도 해요.

그렇다면 우리가 마실 수 있는 수돗물은 어떻게 만들어질까요? 강이나 계곡의 물은 응집과 침전 과정을 거치면 더러운 찌꺼기들이 점점 무거워져 바닥에

가라앉고 깨끗해진 물은 여과 시설로 가요. 이곳에서는 전 단계에서 남아 있던 작은 찌꺼기들이 제거돼요. 그리고 약품을 넣어 병원균을 없앤 후 가정으로 공급하는 것이지요. 수돗물을 만들기 위해서는 많은 비용이 들어요. 따라서 물을 아껴 쓰는 것이 가장 중요하고 물을 적절히 활용할 수 있는 방법을 찾아야 해요. 가장 좋은 방법 중 하나는 수돗물의 근원이 되는 빗물을 모으는 것이지요.

지구에서 쓸 수 있는 물의 양은?

지구는 70% 정도가 물로 덮여 있어요. 지구에는 이렇게 물이 많이 존재하지만 이 중 97.5%가 바닷물이랍니다. 바닷물에는 염분이 많기 때문에 그냥 사용할 수 없어요. 나머지 2.5%는 민물인데 이 물도 그대로 쓸 수 없답니다. 민물 중 1.76%는 남극이나 북극 지역에 있고 0.76%는 지하수로 존재해요. 그리고 단지 0.0086%만 하천이나 호수에 있지요.
세계의 많은 사람들이 지구에 존재하는 물의 0.0086%만을 먹고 쓰고 버리는 거예요.

빗방울의 가치

하늘에서 떨어지는 빗방울을 돈이라고 생각하는 나라가 있어요. 바로 아프리카의 보츠와나예요. 이 나라의 화폐 단위는 풀라(pula)와 테베(thebe)인데 재미있게도 모두 빗방울을 뜻하는 단어랍니다. 우리나라에서 100원, 200원이라고 하는 것처럼 보츠와나에서는 100풀라(빗방울), 200테베(빗방울)라고 하는 것이지요.

강수량이 적은 보츠와나는 경제성장을 하기 위해 빗물을 이용하는 기술이 발전했어요. 이것뿐만이 아니에요. 태양에너지와 바람의 힘을 이용하여 지하수를 퍼 올리는 기술도 개발했지요.

우리나라의 제주도에서는 얼마 전까지만 해도 나무에서 빗물을 모으는 촘항이라는 물동이가 있었어요. 이것을 이용해서 빗물을 받으면 멀리까지 가서 물을 길어 오지 않아도 되기 때문에 노동력과 시간을 절약할 수 있었지요.

최근에는 부유한 선진국에서도 빗방울의 가치를 인정하기 시작했어요. 곡식이나 과일을 수확하듯이 빗물도 수확하자는 의견까지 나오고 있어요.  빗물은 떨어진 그 자리에서 바로 쓸 수 있기 때문에 운반이 필요 없고, 깨끗한 물을 얻을 수 있는 친환경적인 방법이기 때문이에요.

▶ 댐에 모인 빗물을 정화하여 식수원으로 사용하고 있습니다.

빗물 모으기

집중적으로 한 지역에 내리는 비를 집중호우라고 해요. 이런 집중호우는 예상하기 힘든 경우가 많아서 '게릴라성 폭우'라고도 하지요. 이렇게 비가 갑자기 많이 내리면 재산 피해는 물론 많은 인명 피해를 낳아요. 매년 홍수로 인해 고생하는 사람들을 뉴스나 신문에서 본 적이 있지요?

이런 문제는 시골뿐만이 아니라 도시에서도 자주 일어나요. 상하수도 시설이 잘되어 있는 도시에서는 집중호우의 피해가 없을 것 같나요? 도시에는 계곡처럼 빗물이 다닐 수 있는 길이 거의 없기 때문에 더 큰 피해가 발생할 수 있어요. 풀과 나무가 드문 도시에서는 빗물이 땅속에 들어가지 못하고 아스팔트 위로 뿔뿔이 흩어지지요. 이렇게 되면 갑자기 불어나는 빗물을 막기 힘들어 하천이 넘칠 수가 있어요.

비는 언제든지 내릴 준비를 하고 있어요. 그것이 게릴라성 폭우가 될지, 단비가 될지는 모르지요. 비가 떨어질 준비를 하고 있으니 우리도 그 비를 담을 수 있게 준비해야겠지요?

▶ 길에 떨어지는 빗물을 잘 관리만 해도 많은 에너지를 아낄 수 있습니다.

2장 빗물의 수질

한번 산성비는 영원한 산성비?

하늘에서 내리는 비를 맞아도 괜찮을까요? 대부분의 사람들이 "안돼!"라고 외칠 거예요. '산성비'라는 인식이 널리 퍼져 있기 때문이지요. 더러운 공기가 하늘로 올라가서 부지불식간에 마구 쏟아지니 그렇게 생각하는 것은 어찌 보면 당연한 일이에요.

그런데 맞아서도 안 되고, 피부에 닿으면 빨리 씻어 내야 한다고 알려져 있는 빗물이, 사실은 일상생활에서 사용하고 있는 다른 액체들보다도 산성이 낮다는 것을 알고 있나요?

다른 액체들보다 산성이 낮다니 이게 무슨 말일까요?

우리 주위에는 많은 물질들이 존재하는데, 이것들은 서로 합쳐지거나 분리되어서 고유한 성질을 나타내곤 하지요. 그중에서도 물에 녹았을 때 나타나는 대표적인 성질을 바로 '산성도'라고 해요. 우리가 사 먹는 생수나 과일도 제각각 고유한 산성도를 가지고 있어요.

하늘에서 내리는 비는 대기층에서 이산화탄소의 영향을 받아 산성을 띠어요. 하지만 똑같은 산성비라도 지붕에 있는 먼지가 묻게 되면 금방 알칼리성으로 변해요. 또 받은 빗물을 1~2일 정도 저장조에 모아 두면 빗물의 pH가 중성으로 바뀌게 되지요.

실제로 서울대 빗물연구센터가 측정해 본 결과, 처음에 빗물은 약산성인 pH 4.5~5.6를 띠었어요. 하지만 집수면을 통해 받은 빗물은 pH 7~8의 알칼리성이며, 저장된 빗물은 pH가 중성이라는 사실을 알 수 있었어요.

사실 빗물은 오염되지 않았더라도 대기 중의 이산화탄소로 인해 산성화되기 때문에, 하늘에서 받은 빗물의 평균 pH는 5.6으로 산성을 띠고 있어요. 이처럼 대기를 거치면서 산성화된 빗물은 땅에 떨어지면 알칼리성을 띠게 되는데, 이는 땅에 포함되어 있는 양이온 때문이에요. 그리고 이렇게 알칼리성으로 변한 빗물은 '전하 균형'을 통해 다시 중성으로 바뀌게 된답니다.

과학에는 '전하 균형'이라는 개념이 있어요. 모든 물체에 음이온과 양이온이 균형을 이루고 있다는 의미이지요. 대기 중에 떠 있는 황산이온(SO_4^{2-})이나 탄산이온(CO_3^{2-})은 모두 음이온이에요. 전하 균형이 되려면 수소이온이 많아야 하고, 수소이온이 많다는 건 산성이라는 의미이지요. 그러니 대기 중에 있는 빗물은 자연스럽게 산성을 띠게 되는 거예요. 그러다가 지표면에 내려오면 먼지에 있는 칼슘이온(Ca^{2+}), 마그네슘이온(Mg^{2+}) 등 양이온과 합쳐지면서 중화되지요.

▸ 산 물에 녹아 수소이온을 만드는 물질이에요. 물에 녹았을 때 일반적으로 신맛을 나타내요.

▸ 염기 물에 녹아 수산화이온을 만드는 물질이에요. 물에 녹았을 때 일반적으로 쓴맛을 나타내며, 단백질을 분해해요.

▸ 피에이치(pH) 물속의 수소이온 농도를 0~14의 수치로 나타낸 거예요. 즉 물의 '산성도'를 나타내는 지표예요. 피에이치(pH)가 7이면 중성이고, 7보다 낮으면 산성이며, 7보다 크면 염기성(알칼리성)이에요.

우리나라 빗물의 산성도는 지난 10여 년 동안 거의 차이가 없었어요. 또한 빗물의 산성도가 심각한 대기오염에서 비롯된다는 증거도 희박하지요. 산성비는 땅에 떨어지면 금방 중성이나 알칼리성으로 변하므로 숲과 토양을 산성화시키지 않아요. 우리나라에서는 그동안 산성비 때문에 산림 생태계가 피해를 입거나 호수에서 물고기가 사라지는 등의 현상이 전혀 관찰된 적이 없어요.

따라서 이제 우리는 산성비의 무시무시한 공포에서 벗어나, 우리에게 이로움을 주는 빗물을 어떻게 하면 잘 활용할지 생각해 보아야 해요.

실험으로 알아보기

 준비물

pH 측정기, pH 종이, 대기 중 빗물, 저장된 빗물, 콜라, 요구르트, 샴푸 및 린스 등

▶ pH 측정기 : 전극을 이용하여 용액의 산성도를 측정하는 장비
▶ pH 종이 : 색의 변화를 통해 용액의 산성도를 측정하는 종이

pH 측정기 또는 pH 종이를 이용하여 용액의 산성도를 측정할 수 있어요. 이번 실험에서는 pH 종이를 이용하여 실험해 보도록 해요.

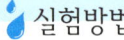 **실험방법**

① pH 종이를 작게 자른다.

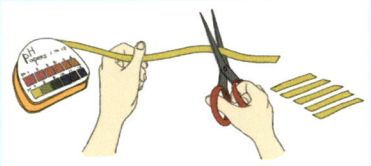

② 잘라진 pH 종이를 준비한 대기 중 빗물, 저장된 빗물, 콜라, 요구르트, 샴푸 및 린스에 넣는다.

③ 색깔이 변한 pH 종이를 pH 색상표와 비교하여 pH를 읽는다.

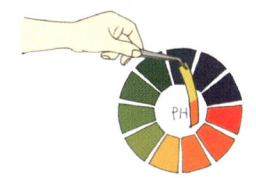

 결과

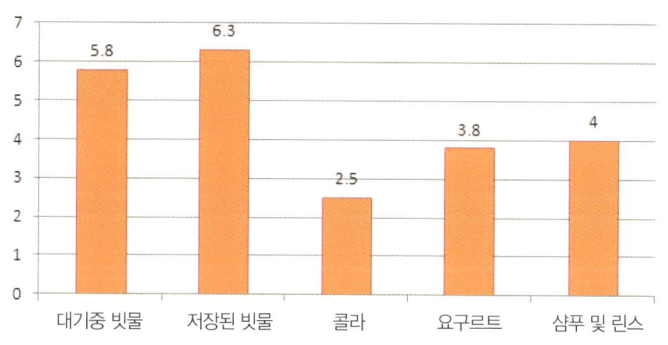

pH 수치가 낮을수록 산성이 높아요. 그런데 실험의 결과를 보면 콜라, 요구르트, 샴푸 및 린스 등이 빗물보다 pH가 낮다는 것을 알 수 있어요.

pH의 수치가 1씩 차이가 날수록 산성은 10배씩 차이가 나요. 빗물의 pH가 대략 6 정도이고, 샴푸 및 린스의 pH는 4로 나왔어요. 이 둘의 pH 수치는 2 정도 차이가 나요. 따라서 샴푸 및 린스가 빗물에 비해 100배 더 산성이 강하다는 것을 알 수 있어요. 오염된 대기 때문에 어마어마하게 강한 산성일 거라는 빗물에 대한 오해가 이제 풀렸나요?

어떤 물이 맛있나?

빗물은 원산지가 확실하고 유통 경로가 짧아요. 또한 지붕에 떨어진 빗물에는 공장폐수나 분뇨 같은 오염 물질이 섞이지 않았지요. 반면에 수돗물의 원료인 하천의 물은 비가 떨어진 다음, 오랜 시간에 걸쳐 내려오기 때문에 무슨 물질이 들어 있는지 알 수가 없어요. 지하수 역시 우리가 마시기 전까지 유통되는 경로를 알 수가 없지요.

빗물은 화학물질이 하나도 첨가되지 않은 자연산이에요. 가장 좋은 원료를 사용하고, 첨가물을 넣지 않았기 때문에 수질이 좋을 수밖에요. 이런 빗물을 오스트레일리아에서는 이미 식수로 사용하고 있으며, 빗물을 받아 식수로 파는 아주 비싼 물도 있다고 해요. 그 물을 '구름 주스'라고 하지요.

오스트레일리아의 연구진은 빗물을 그대로 마셔도 건강에 안전하다는 분석 결과를 밝혔어요. 오스트레일리아 멜버른의 모나쉬 대학교 연구진은 300가구를 대상으로 위생 필터를 나눠 주며 빗

물을 탱크에 받아 식수로 사용하도록 했어요. 연구진이 나눠 준 필터 가운데 절반만이 위장염 유발 박테리아를 없애는 실질적 효과가 있는 필터였지요. 1년이 흐른 뒤 각 가구를 대상으로 건강검진을 실시했는데, 정상 위생 필터를 사용한 가구와 그렇지 않은 가구 사이에 별다른 차이가 없었다고  해요. 연구를 주도한 모나쉬 대학 전염병학과의 캐린 레더 교수는 "빗물을 처리하지 않은 채 마셔도 건강에 별다른 문제가 없었다"며 "이는 빗물을 별다른 가공처리 없이 그대로 마셔도 괜찮다는 뜻"이라고 설명했어요.

실험으로 알아보기

 준비물

수돗물(A), 빗물(B), 생수(C), 실험에 참여할 중·고등학생 40명

빗물 저장조의 처리한 빗물과 수돗물, 생수의 맛을 블라인드 테스트로 비교해 보아요.

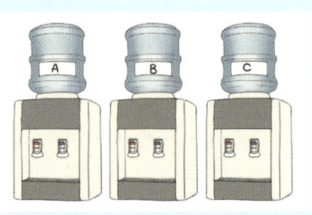

실험방법

① 40명에게 블라인드 테스트로 수돗물, 빗물, 생수를 각각 맛보게 한다.

② A, B, C 중 가장 맛있다고 생각한 물에 스티커를 붙이도록 한다.

결과

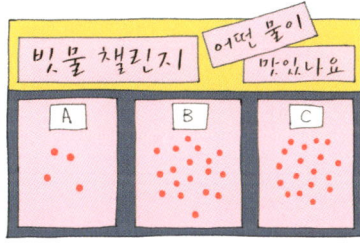

- A (수돗물) : 4표
- B (빗물) : 18표
- C (생수) : 18표

실험에 참여한 학생들은 빗물과 생수에 대해 비교적 좋은 평가를 해 주었어요. 특히 빗물을 마셔 본 학생들 중에는 생수와 물맛이 비슷하다며 호감을 나타내거나, 오히려 생수보다도 물맛이 깔끔하고 맛있다는 평가를 하는 사람들도 있었어요. 하지만 수돗물을 마신 학생들의 경우, 물에서 소독 냄새나 약품 냄새가 난다며 멀리했답니다. 이것을 통해 빗물은 수돗물이나 생수와 비교해도 깨끗할 뿐 아니라 냄새나 맛도 좋다는 결론을 내릴 수 있어요.

고인 물은 다 썩는다고?

빗물에 대한 수많은 오해 중에 '시간이 지나면 악취가 난다'는 것이 있어요. 썩는 현상은 물속의 유기물인 미생물이 분해할 때 생기는 부산물 때문에 불유쾌한 냄새나 맛이 발생하는 거예요.

그러나 빗물의 생성 과정을 생각해 보세요. 바다로부터 증발된 수증기가 구름이 되어 땅에 내린 것이 빗물이지요. 따라서 빗물에는 유기물이나 미생물이 들어갈 기회가 거의 없어요. 경우에 따라 미량의 대기오염 물질이나 미생물이 들어갈 수는 있지만, 미생물의 먹이가 되는 유기물의 양이 충분하지 않아서 미생물이 번식하기가 어렵답니다.

따라서 단지 흐르지 않고 고여 있다는 이유로 물이 썩는 것은 아니랍니다. 유기물, 미생물, 햇빛 이 세 조건 가운데 하나만 갖춰지지 않아도 썩을 수 없어요. 유기물이나 미생물은 어디에나 있으므로 햇빛이 들지 않게 하면 간단하게 썩는 것을 방지할 수 있어요. 가끔 열어서 보는 정도는 상관없어요. 예를 들어, 아파트 옥상의 물탱크에서 물이 썩는다는 말이 없는 건 햇빛이 차단된 상태가 유지되기 때문이랍니다. 또 다른 예로 중국 간쑤 성의 어느 시골 마을의 이야기를 들려 드릴게요. 이 마을에는 비를 받아서 사용하는 전통이 있었지요. 한 농부가 집을 다시 짓다가 아주 오래된 빗물 저장고를 발견했어요. 그런데 언제 만들어졌는지도 알 수 없는 이 빗물 저장고의 물이 조금도 썩지 않았을 뿐만 아니라 물맛도 아주 좋았다고 해요.

> ▶ 썩기 위한 3요소 – 유기물, 미생물, 햇빛
>
> 예) 깊은 동굴의 물은 안 썩는다 (햇빛 차단)
>   소독된 물은 해를 보아도 안 썩는다 (미생물 차단)
>   깨끗한 물은 잘 안 썩는다 (유기물 차단)

실험으로 알아보기

💧 준비물

물통 3개

💧 실험방법

① 물통 3개를 준비해서 물을 넣어 둔다.

② 첫 번째 통(A)에는 햇빛을 차단하고 미생물과 유기물을 넣는다. 두 번째 통(B)에는 미생물을 없애고(소독된 물) 유기물을 넣고 햇빛을 받게 해 준다. 세 번째 통(C)에는 유기물 없이 미생물을 넣고 햇빛이 통과할 수 있도록 한다.

③ 일주일간 놔둔 뒤 관찰한다.

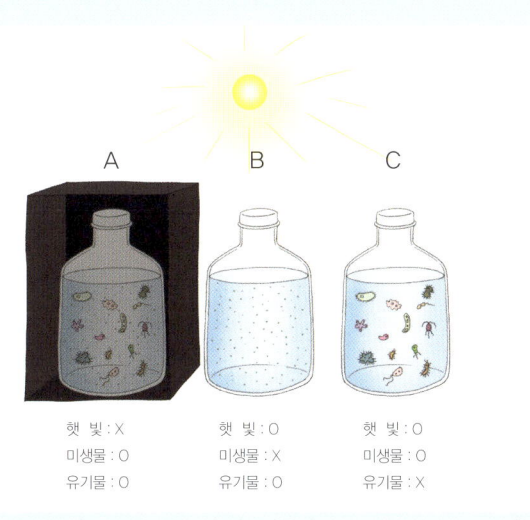

햇빛 : X
미생물 : O
유기물 : O

햇빛 : O
미생물 : X
유기물 : O

햇빛 : O
미생물 : O
유기물 : X

 결과

A : 미생물이나 유기물의 증식이 일어나지 않았음
B : 유기물이 썩지 않았으며 미생물의 번식이 일어나지 않았음
C : 미생물이 증식하지 못하였으며 도리어 미생물이 수면 상태로 들어감

결과적으로 A, B, C 모두 실험 전과 같은 상태를 유지했어요.
빗물을 모아 일정 기간 저장할 때, 가장 염려가 되는 부분은 빗물이 썩는 것이지요. 위의 실험을 통해 물을 썩지 않게 할 수 있는 방법이 다양하다는 것을 알 수 있어요. 그중 가장 쉬운 방법은 햇빛을 차단하는 거예요. 이렇게 햇빛을 차단함으로써 빗물 저장조에 모아진 빗물은 유기물, 미생물이 어느 정도 포함되어 있을 수 있지만, 썩는 것을 충분히 방지할 수 있어요. 따라서 고인 물은 썩는다는 사람들의 생각은 단지 편견일 뿐이라는 사실을 알 수 있답니다.

빗물은 어디에서 가장 깨끗할까?

　빗물이 땅에 도달해서 강의 상류, 중류, 하류를 흘러가며 바다에 이르기까지 어느 지점에서 가장 수질이 좋을까요?
　물 1리터에 얼마나 많은 이물질이 녹아 있는지를 수치로 나타낸 것을 '총용존고형물(TDS; Total Dissolved Solids)'이라고 해요.

예를 들어 물 1리터에 소금 0.5그램을 넣어 섞은 뒤 물을 증발시키면, 소금 0.5그램(=500mg)이 남아요. 이때 총용존고형물은 500이고, 이를 500ppm이라고도 표현해요.

그런데 빗물의 총용존고형물은 10~20ppm 정도예요. 아주 적은 오염 물질만이 녹아 있는 것을 알 수 있어요. 우리나라는 먹는 물의 수질 기준을 500ppm으로 규정하고 있어요. 먹어도 되는 물보다도 빗물이 훨씬 깨끗하다는 것을 한눈에 짐작할 수 있겠죠?

▶ 팔당 댐

물의 오염도를 녹아 있는 총용존고형물로 평가했을 때, 계곡물은 30ppm, 하수처리장을 통과한 물은 320ppm에 달한다고 해요. 반면 우리가 오염되었다고 생각하는 빗물은 10~20ppm 정도밖에 되지 않고, 실제로 산성을 띠고 있어도 대기를 거치면서 중화되므로 빗물은 안전한 수자원이지요. 즉, 빗물에 대기오염 물질이 있을 수는 있지만 비가 내리고 10~20분 정도가 지나고 나면 오염 물질들은 다 씻겨 내려가므로 안전하답니다.

실험으로 알아보기

준비물

낙동강 상류·중류·하류에서의 빗물, pH 측정기 및 각종 측정 기구

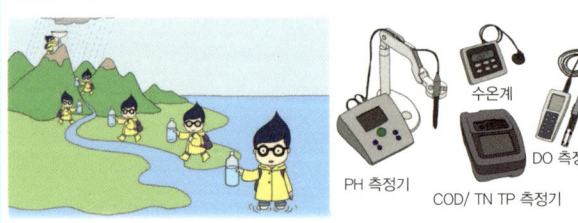

실험방법

① 낙동강 상류·중류·하류에서 빗물 1리터씩 채취한다.
② 각각의 빗물의 pH, BOD(생물화학적 산소요구량), COD(화학적 산소요구량), T–P(총 인량), T–N(총 질소량) 등을 잰다.

③ 측정한 수치를 통해 어느 곳에서 가장 수질이 좋은지 알아본다.

 결과

측정 결과

	PH	BOD	COD	T-P	T-N
받은 빗물 (바로 받은 빗물)	5.9	0	0.2	0	0
저장조 빗물 (서울대 35동)	6.8	0.1	0.9	0.01	0.7413
낙동강 상류 (영강)	8.7	0.3	2.3	0.032	1.655
낙동강 중류 (신반천)	8.2	1	4.2	0.063	1.39
낙동강 하류 (서낙동강)	8.3	4.6	5.6	1.852	0.152

상류에서 하류로 갈수록 오염도가 증가하는 것을 알 수 있어요. 특히 낙동강 상류에서 하류로 갈수록 BOD나 COD가 높아지고 있으며, T-P, T-N의 수치를 보면 인이나 질소 역시 높아짐을 알 수 있어요. 이것은 하류로 갈수록 물 속에 여러 가지 오염 물질이 섞일 가능성이 많아지기 때문이지요.

빗물은 위의 결과에서 볼 수 있듯이 강물에 비해 거의 오염 물질이 없으며, 이를 통해 대기오염이 수질오염에 영향을 미칠 확률 또한 거의 없다는 사실을 알 수 있답니다.

3장 빗물의 이용

식물은 어떤 물을 좋아하나?

　사람보다 식물이 물에 더 민감하다는 것을 알고 있나요? 뿌리로 바로 흡수해서 영양분을 만들어야 하기 때문이에요.
　빗물과 수돗물을 이용하여 식물을 직접 키워 보고 어떤 물을 주었을 때 가장 잘 자라는지 확인해 보도록 해요. 그 결과를 보면 빗물이 안전하다는 확신을 가질 수 있을 거예요.

▶ 우리가 주식으로 먹는 쌀도 모인 빗물을 먹고 자랍니다.

식물에 수돗물을 주려면 수돗물을 물통에 받아서 하루에서 이틀 정도 두었다가 주는 것이 좋아요. 수돗물 속에 있는 '클로르칼크' 성분을 없애기 위해서지요. 클로르칼크는 흙속에 있는 미생물을 소멸시키는 작용을 하여 나무가 자라는 데 해를 끼친답니다.

그렇다고 수돗물을 무작정 오랫동안 물통에 받아 두었다가 주는 것은 좋지 않아요. 그 이유는 물속에 산소가 결핍되기 쉽기 때문이에요. 흙에 축적되어 있던 탄산가스를 배출해야 하는데, 물속에 산소가 부족하면 그 기능을 수행할 수 없답니다.

실험으로 알아보기

💧 준비물

콩, 페트병(용기) 2개, 빗물, 수돗물, 검은 천

화분에 식물(방울토마토, 고추 등)을 심고 빗물, 수돗물로 같은 양을 같이 주면서 열흘간 관찰합니다. 이번 실험에서는 콩나물을 길러 보았어요.

💧 실험방법

① 준비한 콩을 물에 하루 동안 불린다.

② 페트병이나 용기를 이용하여 콩을 담을 통을 만든다. 이때 통은 물 빠짐이 가능하도록 이중으로 만들어야 한다.

③ 불려 놓은 콩을 두 개의 페트병에 각각 나눠 담고 한쪽에는 빗물을, 다른 한쪽에는 수돗물을 준다. 이때 콩이 물에 잠기지 않도록 한다.

④ 물을 줄 때만 제외하고 햇빛을 가린다.

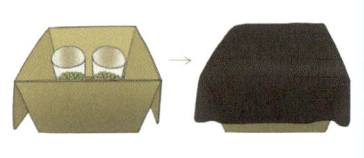

⑤ 하루 3~4회 빗물과 수돗물을 각각 주면서 어떤 물을 준 콩나물이 더 잘 자라는지 일주일 정도 관찰한다.

 결과

빗물을 먹은 콩나물이 수돗물을 먹은 콩나물보다 훨씬 건강하게 자라는 것을 볼 수 있어요.

물고기는 어떤 물을 좋아하나?

　우리가 마시는 물은 사실 대부분이 빗물이에요. 정수기로 걸러 마시는 물, 하천이나 강에 흐르는 물 모두가 하늘에서 내린 빗물이지요. 처음에 내린 빗물은 그 어떤 물보다도 깨끗하여 생물에게 좋은 영향을 미친답니다. 하늘에서 지면에 떨어지는 빗물이 숲이나 농경지에 떨어지게 되면서 오염 물질과 만나 비로소 오염이 되는 거예요.
　하지만 이 오염된 빗물이 다시 땅속으로 스며들어 2차로 토양에 의해 걸러지면서 계곡이나 지하수를 형성하게 돼요. 이 물을 흔히 말해서 '원류'라고 하지요. 이런 물은 대부분이 1급수를 띠는 맑은 물이며, 생물에게 좋은 영향을 미친답니다.

하지만 많은 사람들은 빗물이 산성을 띠고 있거나 많이 오염되어 있어 생물에게 해를 끼친다고 생각하지요. 이번 실험을 통해 빗물이 생물들이 살기에 얼마나 적당한지 알아보았어요.

실험으로 알아보기

 준비물

어항 또는 수족관 6개, 1등급의 같은 종류 물고기 여섯 마리 이상, 빗물, 수도꼭지에서 바로 나온 수돗물(A), 물을 받은 후 2시간 동안 방치한 수돗물(B), 쌀뜨물, 세탁 헹굼물, 정수기 물

수족관의 물을 비우고, 수돗물과 빗물, 쌀뜨물, 세탁 헹굼물, 정수기 물을 넣어 어디에서 고기가 더 활발히 움직이는지를 관찰해 보아요.

수질별 서식 물고기

1급수 : 플라나리아, 버들치, 산천어, 옆새우, 열목어, 가재, 송어
2급수 : 장구벌레, 피라미, 하루살이 유충, 뱀장어, 꺽지, 은어, 갈겨니
3급수 : 복족류, 붕어, 잉어, 다슬기, 거머리, 물달팽이
4급수 : 실지렁이, 깔다구 실잠자리, 나방, 나비류, 잉어, 메기(4,5급수), 종벌레
5급수 : 장구벌레(모기 유충), 실지렁이

실험방법

① 수족관 또는 어항에 빗물, 수돗물, 쌀뜨물, 세탁 헹굼물, 정수기 물을 넣는다.

② 각각의 물을 넣은 어항에 1등급 물고기를 넣는다.

③ 어떤 물을 넣은 어항에서 물고기가 가장 활발한지 확인한다.

결과

▶ 빗물 : 별다른 이상 없이 움직임이 활발함

▶ 수돗물 A (염소 잔류) : 별다른 반응 없이 움직이다가 점차 움직임이 둔해지면서 거의 움직임이 없어짐

▶ 수돗물 B (염소 제거) : 움직임이 둔하나 자유롭게 움직임

▶ 쌀뜨물 : 평상시처럼 움직이나 조금 후에 움직임이 적어지고 아가미 호흡이 빨라짐

▶ 세탁 헹굼물 : 물고기 몸에서 끈적끈적한 보호액이 나와서 자신의 몸을 어느 정도 보호하지만 움직임이 둔해지고 아가미 호흡이 빨라짐
▶ 정수기 물 : 별다른 이상 없이 활발하게 움직임

이번 실험의 결과를 통해 물고기는 빗물 내지 정수기의 물을 좋아한다는 것을 볼 수 있어요. 아가미 호흡을 하는 물고기는 탁도가 강한 물에서 살기 힘들어해요. 이러한 사실로 빗물이 정수처리를 거친 물과 별 차이가 없을 뿐 아니라, 생물에 무해한 것을 알 수 있답니다.

빗물이 빨래가 더 잘된다?

 2011년 3월 독일의 대법원은 세탁을 수돗물로 하지 않아도 된다는 판결을 내렸어요. 대신 빗물이나 우물물로 세탁을 해도 법적인 하자가 없다고 했지요. 그렇게 되면 수돗물의 판매량이 줄어들기 때문에 수도사업자들이 큰 타격을 받게 돼요.
 법원은 가정에서 세탁을 할 때 수돗물이든 빗물이든 어떤 물을 사용할지에 대한 판단은 소비자의 몫이라고 결론지었어요. 독일

시민들은 이 판결이 물값을 절약하고, 환경을 보호하고, 소비자와 자연, 나라 전체에 좋은 일이라며 환영하고 있어요.

이전에 만들어진 독일의 공업규격 DIN에서는 이미 빗물을 세탁용으로 사용할 수 있으며, 다만 세탁기 옆에는 수도꼭지와 빗물 꼭지 두 개를 만들어 소비자가 선택해 쓸 수 있도록 규정했지요.

물은 사용처에 따라 요구되는 수질이 달라져요. 마시거나 조리할 때 사용하는 물은 최상의 수질을 갖춘 물이 필요하지만, 세수나 세탁 등을 할 때 사용하는 물은 그보다 수질이 낮아도 돼요. 또 화장실 세척수와 같이 신체와 접촉되지 않는 물의 질은 더 낮아도 되지요.

자연계의 물 중 총용존고형물질(TDS)을 보면 빗물(5~10ppm)에서 시작해 하류(50~150ppm)로 갈수록 점점 더 높아져요. 하천의 물을 끌어와 수돗물을 만드는 과정에서는 약간 더 높아지지요. 지하수 중에는 300~500ppm까지 되는 것도 있답니다.

이 가운데 어떤 물이 가장 빨래하기 좋은가는 경험으로도 알 수 있어요. 총용존고형물질이 낮은 빗물이 가장 빨래가 잘되고, 총용존고형물질이 높은 지하수는 빨래가 잘 안 되지요. 그래서 세제와 물을 많이 사용하게 되고, 그 결과 하수량과 수질오염이 증가하게 되지요.

빗물의 세척 효과는 공학적으로도 설명할 수 있어요. 세척 효과는 포화농도와 현재 농도의 차이인 구동력(Driving Force)에 비

례해요. 이는 식욕을 예로 들면 쉽게 설명할 수 있어요. 식욕은 현재 얼마나 배가 고프냐에 따라 비례하지요. 배가 고프면 밥을 빨리 맛있게 먹고 배가 더부룩하면 밥을 천천히 먹게 되잖아요? 현재 상태와 포화 상태의 차이가 식욕을 좌우하는 것처럼 세척하는 물의 농도가 낮을수록 더 깨끗하게 빨린다는 사실!

섬유연구소에서 실시한 실험도 마찬가지 결과가 나왔어요. 기름이 묻은 천 조각을 각각 빗물과 수돗물, 지하수에 빨았을 때 빗물에서 빤 것이 가장 세제를 적게 쓰고 세척 효과도 좋았다고 해요.

빗물로 빨래를 하면 수돗물의 운송에너지를 절감할 수 있는 장점도 있어요. 하천에서 물을 가져오지 않아도 되기 때문에 환경에 미치는 영향이 적어요. 세제를 적게 쓰기 때문에 수질오염도 막을 수 있고 가계 지출도 줄일 수 있지요.

이렇게 전 국민이 동참하여 빗물을 사용한다면, 현재 물 사용량의 30% 이상을 절감해 큰돈을 들이지 않고도 물 부족 문제를 해결할 수 있어요.

실제로 서울시 광진구 주상 복합 아파트에 1000톤짜리 빗물 저장조 3개를 설치하여, 빗물의 66%를 사용해 연간 4만 톤의 수돗물을 절약한 예도 있답니다.

실험으로 알아보기

 준비물

기름 묻은 헝겊, 단백질 오염 물질 묻은 헝겊, 세제, 현미경, 빗물, 수돗물

같은 양의 빗물과 수돗물에 같은 양의 세제를 풀어 거품의 양을 비교하고, 어떤 물에서 더 빨래가 잘 되는지 확인해 보아요.

실험방법

① 준비한 빗물, 수돗물에 같은 양의 세제를 각각 넣고 잘 섞는다.

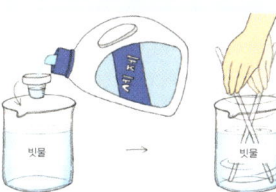

② 기름 묻은 헝겊을 수돗물과 빗물로 구분하여 같은 강도, 같은 시간으로 빨래한다.

③ 남아 있는 오염 물질의 양을 측정한다.

 결과

20분 후 나온 결과는 빗물로 세탁한 것이 수돗물로 세탁한 경우보다 세정력이 뛰어난 것으로 판명되었어요. 수돗물보다 빗물이 지용성 오염인 경우 약 15% 정도, 단백질 오염인 경우 10% 정도 세정력이 뛰어난 것으로 분석되었답니다. 이와 같은 결과로 빗물이 비교적 순수한 물에 가깝다는 것을 알 수 있어요. 순수한 물일수록 세제가 더욱 잘 녹고 이는 세정력을 높이는 요인이 되지요.

단백질 오염 물질이 묻은 헝겊에 대해서도 같은 방법으로 시험을 해 본 후 비교해 보세요.

빗물로 머리를 감으면?

대부분의 사람들은 '산성비를 맞으면 대머리가 된다'며 비 맞는 것을 꺼려요. 대기오염의 정도에 관계없이 모든 빗물은 산성이랍니다. 잘못 알고 있는 정보 때문에 어떤 이들은 평생 비를 나쁜 것이라 생각하고 살아갈지도 몰라요.

화학적으로 보면 순수한 대기 중의 빗물은 pH 5.6으로 산성이에요. 이는 자연현상이기 때문에 전 세계 어디서나, 옛날이나 지금이나 하늘에서 내린 비는 모두 산성비이에요.

일본의 어느 온천물은 pH가 2.9라고 해요. 이렇게 강한 산성을 띠는 물에서 온천을 한다니, 그 온천에 들어가기가 꺼려지지요? 그런데 한 번 다녀온 사람은 물론이고, 평생을 그 물로 머리를 감으며 살아온 그 지역 주민들도 아무런 문제가 없답니다.

산성이라고 다 건강에 영향을 줄 정도로 나쁜 것은 아니에요. 따라서 무조건 산성비와 건강을 연관시키는 것은 과학적으로 근거가 없는 이야기랍니다.

| 실험으로 알아보기 |

 준비물

머리 감을 사람 3~4명, 샴푸, 현미경, 빗물, 수돗물 빗물과 수돗물로 머리를 감은 후, 머릿결을 현미경으로 관찰해 보아요.

💧 **실험방법**

① 각각 빗물과 수돗물을 이용하여 머리를 감는다.

② 약 20분간 같은 세제로 머리를 다 감은 후 현미경을 이용하여 머릿결을 관찰한다.

💧 **결과**

수돗물보다 빗물로 감은 머리카락이 더욱 윤기가 나는 것을 관찰할 수 있어요. 산성비를 맞으면 머리가 빠지는 것이 아니라 오히려 건강한 머리카락을 만들 수 있다는 사실을 알게 되었어요. 하늘에서 내리는 약한 산성을 띠는 비, 이제는 우산이 없더라도 걱정 마세요.

4장 빗물 저장조

빗물 저장조가 빗물을 정화시킨다?

　사회가 발전할수록 사람들은 먹는 것에 조심하고 또 조심하게 돼요. 특히 마시는 물은 더욱 그렇지요. 그래서 최근에는 외국에서 만들어진 생수를 사서 마시기까지 해요.

　앞에서 밝혔듯이 우리는 빗물에 대해 너무나 많은 오해를 하고 있어요. 원하든 원하지 않든 공짜로 하늘에서 비가 줄줄 내리니 소중함을 잘 몰라서 그럴 거예요.

　그런데 빗물이 좋다고 하니, 빗물을 모아 두는 빗물 저장조에 소독제를 넣어 마시는 사람이 있어요. 빗물이 더럽고 빗물에 해로운 세균들이 존재할 거라고 생각하기 때문이겠지요.

　하지만 빗물 저장조 내부에는 미생물들이 서식하면서 '바이오 필름'이라는 것이 생기게 돼요. 이는 미생물의 군집을 의미하는데, 이것들이 빗물 안에서 해로운 미생물들이 활동하는 것을 억제하여 빗물 저장조 안의 수질을 향상시킨답니다.

　결국 빗물 저장조 내에는 빗물 수질을 일정한 수준으로 조절하는 고유한 미생물 생태계가 조성되어 있으며, 소독제의 염소 성분이 저장조 내 미생물 생

▶ 빗물 저장조

태계를 교란시킬 수 있으므로 빗물 저장조 안에 소독제를 넣는 것은 올바르지 않아요. 깨끗하게 빗물을 소독하여 먹으려다가 오히려 건강을 해칠 수 있다는 사실을 잊지 마세요.

실험으로 알아보기

 준비물

10리터의 표면적이 좁은 저장조(탱크1), 10리터의 표면적이 넓은 저장조(탱크2), 현미경, 빗물, pH 측정기 및 각종 측정 기구

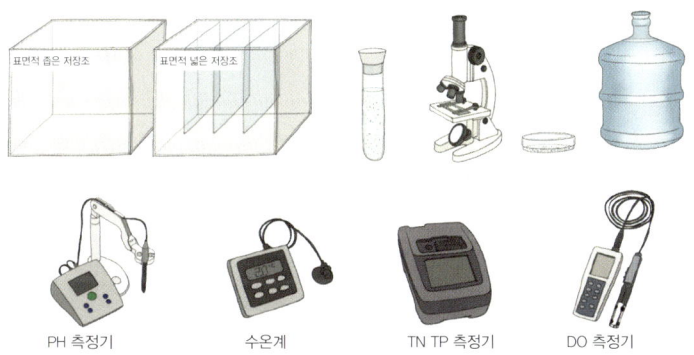

부피는 같지만 표면적이 넓은 저장조와 좁은 저장조를 만들어 저장조 내부에 생성된 바이오필름을 관찰하여 보고 어떤 균이 있는지, 어떤 역할을 하는지를 분석합니다. 또한 여러 가지 측정 기구를 통해 저장조 내 빗물의 수질을 알아보도록 해요.

실험방법

① 10리터의 빗물 저장조 두 개를 만든다. 한 통에는 중간에 칸막이 몇 개를 넣어 표면적을 넓게 한다. 그러고 난 뒤, 빗물을 받아 두고 2주에서 4주 동안 방치한다.

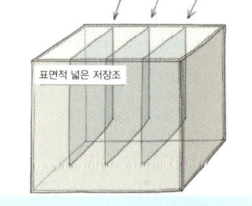

② 시간이 흐른 뒤, 빗물 저장조의 안쪽에 형성된 바이오필름을 떼어 내어 그것을 현미경으로 관찰한다.

③ 표면적이 좁은 저장조(탱크1)와 표면적이 넓은 저장조(탱크2) 내 빗물의 수질을 각종 측정 기구를 이용하여 측정한다.

결과

	탱크1	탱크2
Turbidity (NTU)	1.4 ± 0.8	0.8 ± 0.4
pH	6.7 ± 0.4	6.3 ± 0.2
DO (mg/L)	7.1 ± 0.7	7.2 ± 1.5
Temp. (℃)	19.6 ± 3.5	19.2 ± 3.5
SS (mg/L)	1.7 ± 0.9	1.2 ± 1.0
TN (mg/L)	2.84 ± 0.64	3.07 ± 0.84
TP (mg/L)	0.16 ± 0.20	0.04 ± 0.02
TOC (mg/L)	1.32 ± 0.71	1.08 ± 0.21
탱크 표면적 넓이	46m^2	300m^2

바이오필름이 더 넓게 생성된 탱크2에서 탁도(Turbidity), pH, 온도(Temp), 부유물질(SS), T-N(총 질소량), T-P(총 인량), TOC(총 유기탄소) 모두 탱크1보다 낮게 나왔어요. 반면, 용존산소량(DO)은 탱크2가 더 높게 나왔어요. 보통 오염이 심해지면 용존산소량이 낮아지게 된답니다.

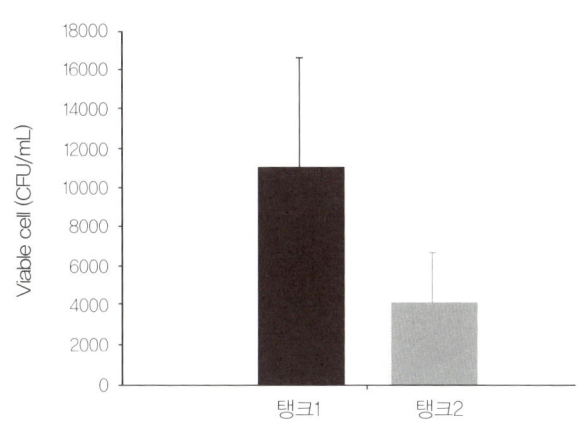

위의 그래프에 따르면 표면적이 좁은 탱크1이 표면적이 넓은 탱크2보다 미생물 숫자가 많은 것을 관찰할 수 있지요. 거의 두 배가 넘는 미생물이 존재하는 것을 볼 수 있어요. 표면적이 넓은 탱크2에서 더 많은 바이오필름이 생성되었으므로 탱크2의 미생물이 줄어든 것이랍니다.

빗물 저장조는 어떻게 만들까?

빗물을 모으기 위해서는 여러 시설들이 필요한데, 일반적으로 집수면, 처리 시설, 저장 시설로 나눌 수 있어요.

집수면은 빗물을 모으는 대상이 되는 곳으로, 흔히 건물의 지붕이 사용돼요. 집수면의 상태는 수질과 밀접한 관련을 가지므로 항상 깨끗하게 유지되어야 해요.

처리 시설은 빗물과 함께 쓸려온 나뭇잎이나 모래 등의 협잡물을 걸러내는 시설로 설치 환경에 따라 다양한 종류의 필터를 사용할 수 있어요. 비교적 간단한 처리를 거치기만 해도 되며, 안정된 수질을 얻을 수 있어요. 빗물이 원래부터 깨끗한 물이기 때문이에요.

저장 시설은 집수된 빗물을 저장하는 시설로 빗물저류이용시설의 효율을 결정하는 데 아주 중요한 역할을 하는 시설이에요. 이곳에서 빗물이 저장될 때 처리 시설에서 걸러지지 못한 물질들이 가라앉게 되면서 빗물 저장소 안의 수질을 향상시켜요. 이를 '침전 효과'라 해요.

하지만 빗물 저장조 바닥에 가라앉은 침전물들이 다시 떠오르면 부유물질이 발생하여 탁도를 흐리곤 하는데, 이를 방지하기 위해 '캄인렛(calm-inlet)'을 이용하지요. 캄인렛이란 침전물 재부상

방지 장치라고도 해요. 이러한 캄인렛은 곡관으로 설치해야 효과가 있어요.

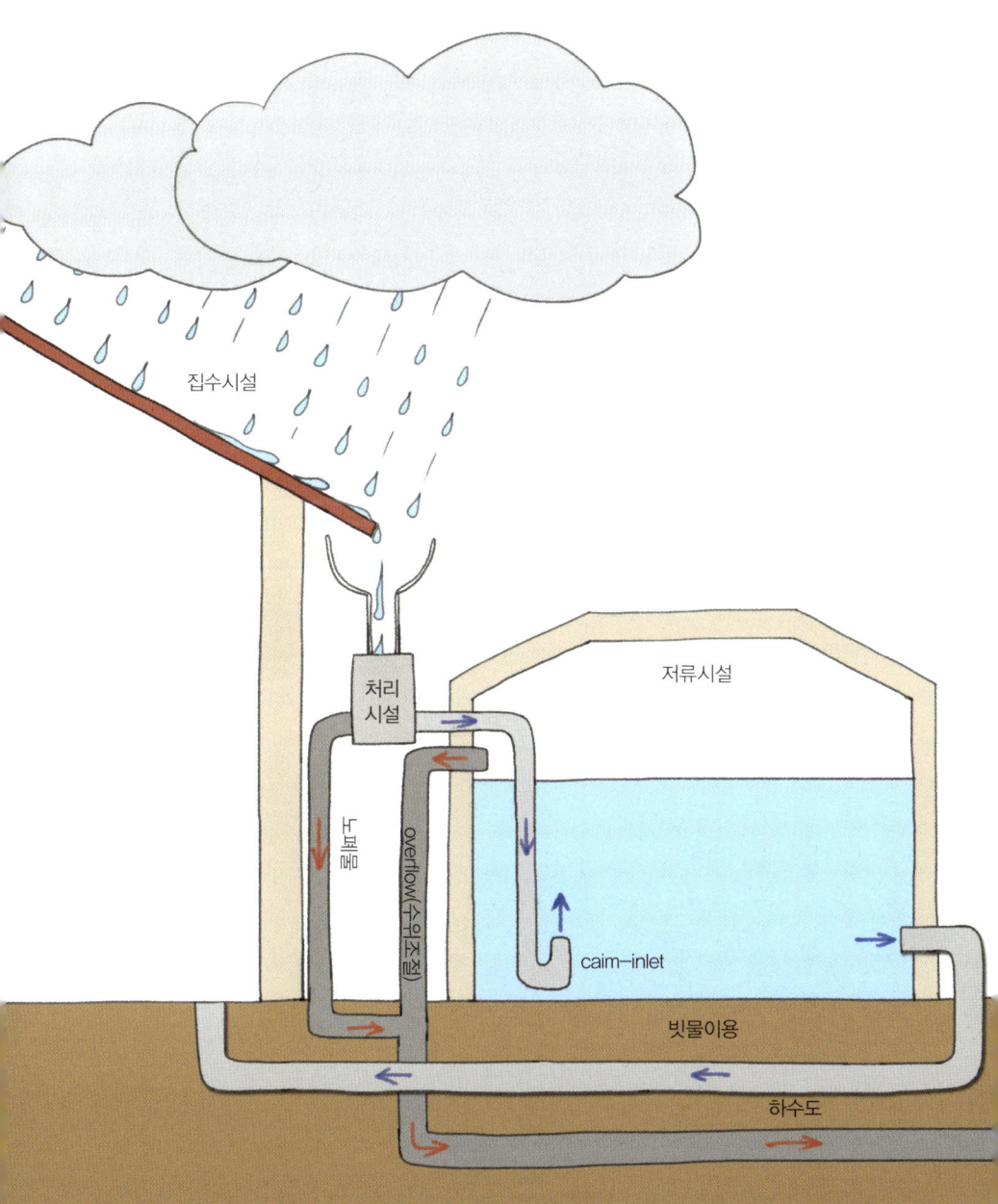

실험으로 알아보기

 준비물

유리컵, 색지, 빨대 또는 캄인렛, 빗물

직관을 이용하였을 때와 곡관을 이용하였을 때의 탁도를 비교하여 어느 경우에 더 떠오름이 낮은지 알아보았어요.

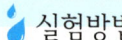 **실험방법**

① 물이 담긴 유리컵에 작게 자른 색지들을 넣는다.
② 직관을 통해 물을 넣는다.
③ 곡관을 통해 물을 넣는다.

 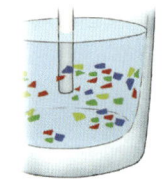 

 결과

직관과 곡관을 이용했을 때 색지가 얼마나 더 떠오르는지 비교했어요. 직관을 이용했을 때는 색지들이 많이 떠오르는 데 비해 곡관을 이용했을 때는 색지들이 거의 떠오르지 않는다는 것을 확인할 수 있어요.

▶ 강화도 양도초등학교 빗물 저장 시설
◀ 모은 빗물을 사용할 수 있도록 만든 수도 시설
▲ 강화도 조산초등학교 빗물 저금통

빗물 저장조는 어떤 색이 좋을까?

시중에서 판매되고 있는 빗물통은 노란색, 파란색 등이 있어요. 빗물통의 색깔이 내부 수질에 미치는 영향은 어떨까요? 투과하는 광학적인 성질로 판단할 수 있어요. 어느 색깔의 통이 가장 좋을까요? 물탱크의 색깔별 조도가 높은 순서는 흰색, 노랑, 주황, 빨강, 보라, 연두, 파랑, 초록, 검정 순이에요. 시판용 노랑, 파랑 물탱크 중에 노란색 수조는 조도가 높아 미생물이나 녹조류가 번식할 환경이 조성될 수 있어요. 하지만 파란색 탱크는 조도가 낮기 때문에 녹조류 및 미생물이 비교적 적게 번식하게 되므로 파란색이 더 물탱크의 색깔로 적합하지요.

수돗물은 소독되었기 때문에 이끼가 끼지 않는 것으로 알고 있으나 상수도관을 지나면서 오염이 되며 물탱크에 오랜 시간 보관하면 문제가 발생하게 돼요. 특히 햇빛, 유기물, 미생물, 이 세 가지 중 하나라도 막아야 하는데, 조도가 높은 물탱크에는 햇빛이 통과하기 때문에 비교적 조류나 미생물이 번식할 우려가 높아지는 거예요.

이를 막기 위해서는 이미 설치된 물탱크에 보조덮개를 사용하든지 아니면 은박지나 광차단 페인트를 도색하여 태양광선으로부터 노출을 방지하거나 물탱크 안에 진공층을 만들어 조류 및 미생물의 호흡을 억제시켜 번식을 방지하여야 한답니다.

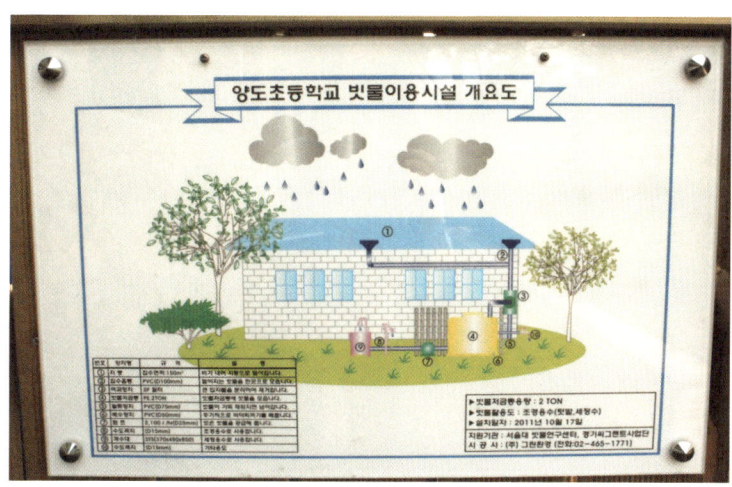

▶ 강화도 양도초등학교 빗물 이용 시설 개요도

실험으로 알아보기

💧 **준비물**

병원균, 현미경, 페트병, 노란색과 파란색 물감 또는 색지, 빗물

페트병을 이용하여 노란색과 파란색 빗물통이 내부의 수질에 어떤 영향을 미치는지 실험했어요.

💧 **실험방법**

① 페트병 한 개에는 노란색, 한 개에는 파란색 물감을 칠하거나 색지를 붙인다.

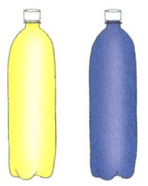

② 2개의 페트병에 같은 양의 병원균이나 조류를 넣는다.

③ 햇빛이 잘 드는 곳에 2개의 페트병을 둔다.

④ 현미경을 이용하여 시간에 따른 사멸 속도를 측정한다.

 결과

▶ 노란색 페트병 : 병원균 및 조류가 서서히 증가함
▶ 파란색 페트병 : 병원균 및 조류가 증가하지 않음

노란색의 유기안료는 자연광을 차단하지 못해요. 따라서 실험에서 노란색 페트병의 병원균 및 조류가 증가했듯이, 노란색의 수조는 물을 저장할 때 탱크 내부에 녹조류가 발생하는 원인이 되며, 이것으로 인해 물이 혼탁해지고 이끼류가 물에 섞여 배관 등이 막히는 단점이 있답니다.

빗물 저장조로 에너지를 아낀다?

 수돗물을 공급하기 위해서는 처리와 수송에 많은 에너지가 소비돼요. 물속에 있는 물질이 많을수록 처리에너지가 높아지며, 거리가 멀수록 또는 지반고 차이가 클수록 수송에너지가 높아져요.

① 광역상수도
 비교적 수질이 좋은 원수를 처리하므로 처리에너지는 적은 반면에 장거리 수송을 하게 되므로 수송에너지가 많이 들어가요. 대개 수송 비용이 80~90%를 차지해요. 댐을 만들 때 환경에 나쁜 영향을 많이 주기도 해요.

▶ 수돗물 공급 과정

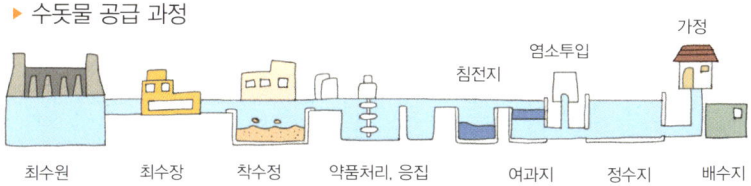

② 지방상수도
 비교적 수질이 좋은 원수를 처리하므로 처리에너지는 적고, 단거리 수송을 하게 되므로 수송에너지도 광역상수도에 비해 적게

들어가요. 소규모로 만들고 기존의 상수원을 이용하기 때문에 환경에 끼치는 영향은 적어요.

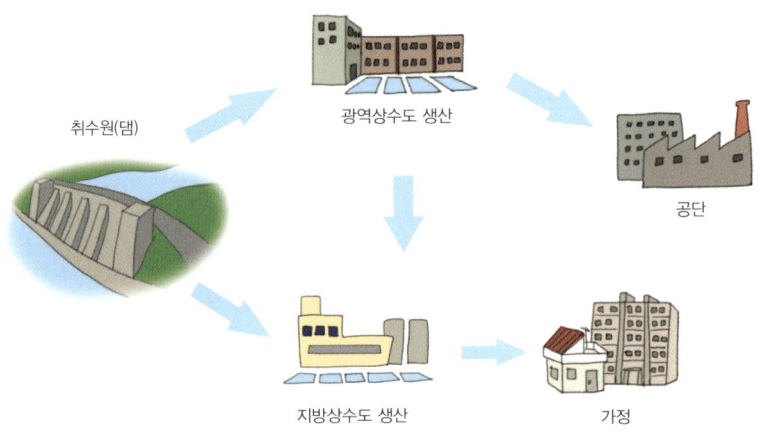

③ 지하수

처리에너지는 적게 들어요. 그러나 수직 이동 거리가 길어지므로 수송에너지가 많이 들어요. 지하수위를 고갈시키고, 하천 건천화를 가져오므로 지표면의 동식물들에 나쁜 영향을 준답니다.

④ 하수처리수 재이용

한 번 사용한 더러운 물을 처리하기 때문에 처리에너지가 많이 들어요. 반면에 발생원 부근에서 처리하여 보내므로 수송에너지는 적게 들지요. 환경에 직접적인 영향은 적으나 사람들이 심리적으로 더럽다고 생각하기 때문에 상수로 쓰기 힘들어요.

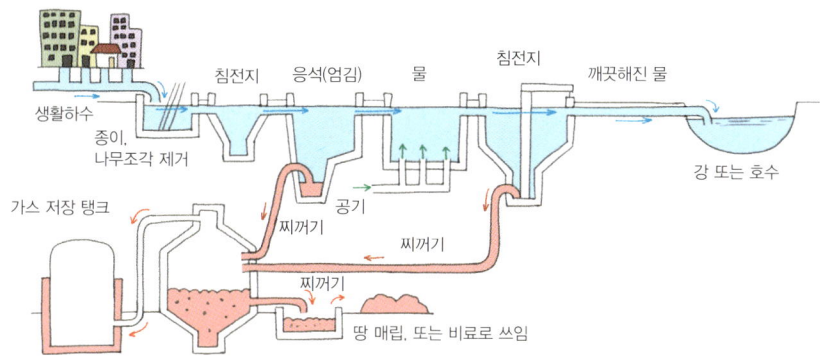

⑤ 해수담수화

바닷물은 녹아 있는 이물질이 많으므로 처리에너지가 많이 들어요. 바닷가에서 만들기 때문에 사용처까지 거리가 멀고, 표고차 또한 크기 때문에 수송에너지가 가장 많이 든답니다. 또한 주변 바다의 수온을 상승시키며, 처리하고 난 뒤에 많은 폐수가 발생해요.

▶ 해수담수화의 주요 원리

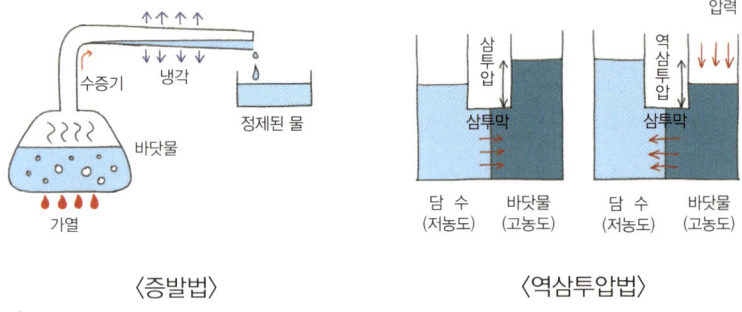

⑥ 빗물 이용

빗물은 오염이 되기 전에, 떨어진 그 자리에서 받아서 사용하므로, 처리에너지가 전혀 들지 않고, 수송에너지도 들지 않아요. 환경에 직접적인 영향 또한 적답니다.

▶ 물 1톤의 공급방법에 대한 평가(에너지소바량, 환경에 대한 영향)

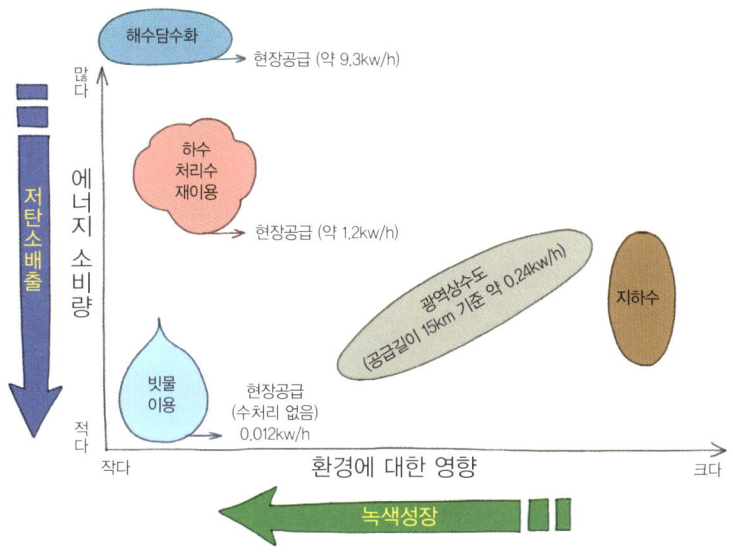

위의 비교를 보면 빗물이 다른 물보다 얼마나 큰 에너지를 절약할 수 있고, 환경적인 영향이 적은지를 알 수 있어요.

빗물은 그동안 수돗물의 안정적인 공급원이자 홍수 등 재해 방지를 위한 관리의 대상으로 주로 인식돼 왔지만, 이제는 '무탄소 에너지 자원'의 한 축으로 평가돼야 해요.

우리보다 물이 부족한 나라에 빗물연계 플랜트 제품기술을 수출한다면 물 산업은 가장 유망한 산업이 될 거예요.

이 같은 관점에서 우선 빗물의 활용도를 높이기 위한 정책과 기술의 도입이 시급하답니다.
　장마철에 집중된 강수량은 빗물 활용도를 떨어뜨리고, 저지대의 침수, 하수구의 역류, 토사유출, 하천범람 등 엄청난 피해를 주고 있어요.

▶ 도시에서의 빗물 활용 예시

이러한 홍수 피해를 없애고 유용한 에너지 자원으로 전환하기 위해서는 빗물 활용 촉진 정책이 추진돼야 하지요.

지금까지는 도시의 생활용수, 공장의 공업용수, 농촌의 농업용수를 공급하기 위해 강을 막아 다목적 댐을 건설했어요. 그러나 전체 인구의 절반 이상이 집중돼 있는 서울과 수도권의 물 소비량은 증가하는 가운데 도시와 도로 건설에 따른 지표면 포장이 늘어나면서 지표의 빗물 흡수량이 줄어 하천 수량이 부족해지는 추세가 지속되고 있지요.

또한 대규모 댐에 저장된 빗물을 정화해 멀리 떨어진 도시나 공장 등에 공급하는 수돗물 배관망 시스템은 비용 측면에서 경쟁력을 잃어가고 있어요.

대규모 댐 건설에 따른 환경파괴와 생태계 변화, 집중된 홍수 피해를 감안한다면 지금의 수자원 관리 정책이 갖고 있는 문제는 더욱 많아요.

이제는 빗물의 활용도를 높이기 위한 인프라를 구축하여, 부족한 수자원을 보충하고, 탄소배출량을 줄이는 방안을 찾아야 해요.

5장 빗물의 과학

빗물이 흐르는 모양을 관찰하자

빗물이 흐르는 모양을 통해 강에 의한 지표의 변화를 간접적으로 관찰할 수 있어요. 빗물이 흐르는 길과 속도, 색깔을 살펴볼까요?

① 빗물이 흐르는 길
- ▶ 땅에 내린 빗물의 일부는 땅으로 스며들고, 일부는 모여서 물길을 만들며 흘러요.
- ▶ 빗물은 구불구불하게 흐르기도 하고 곧게 흐르기도 하지요.
- ▶ 움푹 팬 곳에는 빗물이 고여요.
- ▶ 돌이 있는 곳에서는 빗물이 돌 주위를 돌아서 흐르지요.
- ▶ 하수구 주위에는 흙이 쌓여 있어요.

② 빗물의 속도
- ▶ 경사가 급한 곳에서는 빗물이 빨리 흐르고, 흙이 많이 깎여 내려가요.
- ▶ 경사가 완만한 곳에서는 빗물이 천천히 흐르고, 흙이 적게 깎여 내려가요.

③ 빗물의 색깔
- ▶ 빗물이 흐르는 동안 깎아 낸 흙이 섞여서 주로 흐린 황토색을 띠어요.
- ▶ 땅의 색깔에 따라 흐르는 빗물의 색깔이 조금씩 달라요.

④ 빗물이 흐르는 모양을 통해 알 수 있는 강에 의한 지표의 변화
- ▶ 강물의 침식 작용

  경사가 급한 곳에서는 흙이 많이 깎여 내려가고 완만한 곳에서는 흙이 적게 깎여 내려가는 것을 통해, 강물의 침식 작용은 경사가 급한 강의 상류에서 가장 활발한 것을 알 수 있어요.
- ▶ 강물의 운반 작용

  빗물이 흐르는 동안 깎아 낸 흙이 섞여서 빗물의 색깔이 변하는 것을 통해, 강물의 운반 작용을 알 수 있어요.
- ▶ 강물의 퇴적 작용

  하수구 주위에 흙이 쌓여 있는 것을 통해, 강물의 퇴적 작용을 알 수 있어요.

어느 물이 잘 어나?

　　수돗물, 빗물, 지하수를 냉동실에 넣고 시간에 따라 얼음이 어는 과정을 살펴보면 빗물이 가장 빨리 얼어요. 가장 빨리 언다는 것은 그만큼 가장 깨끗하다는 거예요.

어는점 내림

비휘발성인 용질이 녹아 있는 용액의 어는점은 순수한 용매보다 낮아져요. 이것은 용액의 증기압이 용매의 증기압보다 낮아지기 때문이에요. 용액의 농도가 진해지면 용액의 삼중점은 내려가고 이것은 고체와 액체의 평형 온도를 낮추어 어는점도 낮아지게 됩니다.

비휘발성 용질이 물속에 녹아 있으면 물 분자가 결정화할 때 용질이 방해하기 때문에 어는점이 더욱 낮아지게 되는데, 이것을 '어는점 내림'이라 해요. 용액의 끓는점 오름과 어는점 내림은 용액의 몰랄 농도에 비례하지요.

$\triangle T_b : K_b m, \triangle T_f = K_f m$
($\triangle T_b$: 끓는점 오름, K_b : 몰랄 오름 상수, $\triangle T_f$: 어는점 내림, K_f : 몰랄 내림 상수, m : 몰랄 농도)

그런데, 물 1kg에 설탕 1몰을 녹인 용액과 물 1kg에 소금 1몰을 녹인 경우를 비교하면, 소금을 녹인 경우의 끓는점이 더 높고 어는점이 더 낮음을 알 수 있는데, 이것은 소금이 전해질이어서 물속에서 비전해질인 설탕보다 2배나 많은 입자들이 생기기 때문이에요. 소금과 같이 물속에서 거의 100% 이온화하는 물질은 비전해질을 녹인 용액에 비하여 어는점은 더욱 낮아지고 끓는점은 더욱 높아져요.

바닷물이 추운 겨울에도 쉽게 얼지 않는 이유도 이러한 어는점 내림 때문이랍니다.

실험으로 알아보기

 준비물

냉동실, 얼음 얼릴 나눠져 있는 통 3개, 빗물, 수돗물, 지하수

💧 실험방법

① 여러 부분으로 구분되어 있는 통 3개에 각각 빗물, 수돗물, 지하수를 채운다.

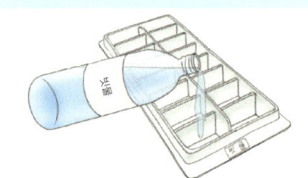

② 채운 통 3개를 같은 시간에 냉동실에 넣고 1시간 기다린다.

③ 1시간 뒤, 30분마다 2번 꺼내어 한 부분씩 부숴 본다.

④ 총 2시간이 흐른 뒤부터 10분마다 꺼내 한 부분씩 부숴 본다.

⑤ 어느 물이 가장 먼저 얼었는지 확인한다.

💧 결과

빗물, 수돗물, 지하수 순으로 물이 어는 것을 확인할 수 있어요. 순수한 물질일수록 어는점이 높아져 쉽게 언다는 사실을 토대로 보았을 때, 빗물, 수돗물, 지하수 중 가장 순수한 물은 빗물이라는 것을 알 수 있어요.

태양이 빗물을 소독해 준다고?

앞에서 살펴봤듯이 빗물은 태생적으로 깨끗한 물이에요. 하지만, 집수면을 따라 내려오면서 미생물에 의해 오염되지요. 그렇다면 이 미생물을 효과적으로 죽이는 방법은 없을까요?

태양열을 이용한 기술 SODIS(Solar Disinfection)를 이용하면 빗물에 포함하고 있는 미생물을 간단하게 제거할 수 있답니다.

실험으로 알아보기

 준비물

페트병 5개, 비닐 2개, 폼보드, 알루미늄, 식초, 빗물

폼보드에 알루미늄을 씌워서 간단하게 햇빛을 모을 수 있는 집열판을 만들어요.

실험방법

① 페트병(a), 비닐봉지를 씌운 페트병(b), 집열판을 씌운 페트병(c), 집열판과 비닐봉지를 씌운 페트병-1(d), 집열판과 비닐봉지를 씌운 페트병-2(e)

② 각각의 페트병에 빗물을 넣고 집열판과 비닐봉지를 씌운 페트병-2(e)에는 빗물과 함께 식초를 서너 방울 넣는다.

③ 햇빛이 잘 드는 곳에 아침 9시부터 저녁 5시까지 방치하여 둔다.
④ 각각의 페트병 안에 빗물과 처음 빗물을 채취하여 미생물 수를 확인하고 비교하여 본다.

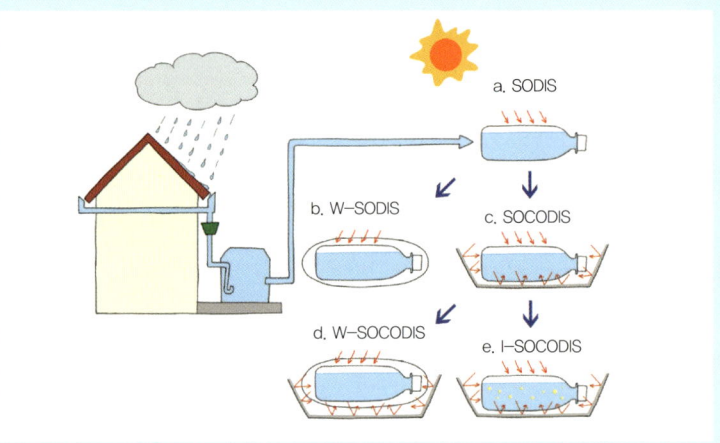

a. 페트병을 햇빛에 노출시킴 (SDIS)
b. 페트병을 투명 비닐 속에 넣고 햇빛에 노출시킴 (W-SODIS)
c. 페트병을 알미늄 호일로 싼 경사면에 놓고 햇빛에 노출시킴 (SOCODIS)
d. b와 c의 혼합. 페트병을 투명 비닐 속에 넣은 후 알미늄 호일로 싼 경사면에 놓고 햇빛에 노출시킴 (W-SOCODIS)
e. 빗물에 레몬즙이나 식초를 첨가한 후 페트병을 알미늄 호일로 싼 경사면에 놓고 햇빛에 노출시킴 (I-SOCODIS)

 결과

SODIS를 사용했더니 미생물이 확실히 줄어드는 것을 알 수 있어요. 또한 태양열을 모으거나 비닐을 씌워서 복사열을 증가시켰더니 미생물이 더욱 많이 제거되었어요.

물을 땅속에 넣으려면?

　요즘은 홍수가 나면 도시가 큰 피해를 입어요. 도시의 콘크리트와 아스팔트 구조는 빗물이 지하로 침투하는 것을 방해한답니다. 따라서 땅으로 스며들지 못한 빗물은 빠르게 지표면을 흐르다가 짧은 시간 내에 하수구나 강으로 모이게 돼요. 그래서 폭우가 올 때마다 하수가 넘치고 지역의 하천이 범람하는 등 홍수가 되풀이되는 거예요. 도심의 하수펌프장도 빗물을 이용하기보다는 배제하는 쪽으로 만들어져 있어 도움이 되지 못하고 있어요.

장마철 집중호우로 광화문이 침수된 적이 있었어요. 광화문의 침수를 막기 위해 더 큰 하수도관을 심자는 의견이 나오기도 했지요. 하지만 더 큰 하수도관으로는 해결할 수 없어요. 광화문을 둘러싸고 있는 높은 지역이 더 많이 개발되면, 비가 적게 왔을 때조차도 광화문으로 흘러드는 빗물의 양은 더 많아질 수 있어요.

가장 좋은 방법은 '분산형 빗물 관리'를 하는 거예요. 분산형 빗물 관리는 와플이라는 과자를 예를 들면 쉽게 설명할 수 있어요. 와플은 표면이 격자 상태로 돼 있어요. 만약 그 위에 꿀을 뿌리면 각각의 격자 안에서 꿀을 잡아주기 때문에 모여서 흘러내리는 꿀의 양은 매우 적지요. 반대로 격자가 없는 밋밋한 과자의 표면에 꿀을 뿌린다면 한꺼번에 흘러내릴 거예요.

　마찬가지로 개인이든 공공이든 각자 빗물이 떨어진 자리에서 소규모로 빗물을 모아두거나 땅속에 침투를 시키면 전체적으로 내려가는 빗물의 양이 적어지기 때문에 커다란 시설을 만들지 않고도 큰 비에 대비할 수 있답니다.

　특히 침투 시설의 경우도 마찬가지예요. 비스킷에 뚫어진 작은 공기 구멍의 예를 참조하면 빗물의 침투 시설을 어떻게 해야 할지 답이 보여요. 즉 전체 유역에 골고루 침투할 수 있는 시설을 만들어야 하지요. 일부 지역에만 빗물이 빠지는 시설을 만들 것(침투성 포장)이 아니라 비스킷에 뚫린 여러 개의 작은 구멍처럼 전 지역을 대상으로 작은 규모의 여러 개의 저장 및 침투 시설을 만드는 것이 바람직해요. 이러한 방법을 투수성 포장이라고 해요.

　그런데 기존의 모든 도로를 이렇게 바꾸는 것은 비용과 기술상의 문제 때문에 불가능하고 효용성이 떨어져요. 따라서 지금의 불투성 포장을 크게 바꾸지 않고 침투를 시킬 수 있는 기술이 필요해요. 이렇게 하면 비용을 상당히 절약할 수 있어요. 만일 지금 도로에 있는 빗물받이를 조금만 개조해 처리 시설과 침투 시설을 만들면 침투 효과를 높일 수 있답니다. 또 도로 옆에 작은 빗물 저장조를 만들어 도로의 빗물을 받아 처리한 뒤 서서히 침투시키는 방법도 있어요. 일단 저장된 물은 비상시 화재방지용이나 친수환경 조성용 등 다른 용도로도 사용할 수 있어요.

이런 침투 시설의 효율을 살펴보기 위해서 실험을 했어요. 특히 어떤 땅에서 빗물의 더욱 침투가 잘되고 땅에 물을 머금게 할 수 있을지 알아보아요.

실험으로 알아보기

💧 준비물

아크릴로 만든 토조, 흙, 빗물, 잔디

아크릴로 만든 토조에 흙을 넣고 물을 부어 시간에 따라 물이 얼마나 빨리 땅속으로 들어가는지를 측정 및 비교해 보아요. 시간에 따라 물이 스며드는 진행을 사진으로 찍고 경사면을 따라 빗물이 내려오면서 침투되지 못하고 얼마나 유출되는지도 확인하여 봅니다. 이러한 실험을 통해 비가 많이 내리는 상황에서 빗물이 지하로 잘 침투되려면 어떠한 방법들이 있을지 생각해 보아요.

💧 실험방법

① 아크릴로 만든 토조 4개를 준비한다.

② 첫 번째 토조에는 흙만 넣고(A), 두 번째 토조에는 흙 위에 잔디를 넣는다(B). 세 번째 토조에는 흙을 넣고 구덩이를 만들어 두고(C), 네 번째 토조에는 흙 위에 잔디를 넣고 구덩이를 만든다(D).

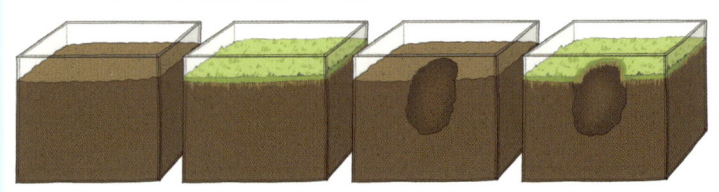

③ 만들어 놓은 A, B, C, D의 토조에 같은 양의 빗물을 뿌린다.

④ 1분 또는 30초마다 빗물이 얼마나 빨리 땅속으로 들어가는지 흡수의 진행 정도를 알아본다.

⑤ 각 토조에서 유출된 빗물의 양도 측정하여 본다.

 결과

A (흙으로 채운 토조) → B (잔디를 심은 토조) → C (흙에 구덩이를 판 토조) → D (잔디에 구덩이를 판 토조) 순으로 침투되는 물의 양이 크며 유출량이 적음

▶ **잔디의 효과** (녹지의 효과)

잔디는 침투되는 빗물의 양을 높이는 데 효과적이에요. 이는 흙의 공극을 크게 하여 빗물이 좀 더 빨리 침투될 수 있도록 도와줄 뿐 아니라 공극 사이에 빗물이 들어가서 토양이 빗물을 가질 수 있는 함양률을 높여 준답니다.

빗물은 흙만 있는 토조(A)보다 잔디(B)에 좀 더 많이 침투될 뿐 아니라 흙이 물을 가지고 있는 함양률을 높을 수 있는 것으로 볼 수 있어요. 이것은 유출량을 통해서도 알 수 있는데, 흙으로만 되어 있는 토양보다는 잔디와 함께 있는 토양에서 빗물의 유출이 적은 것을 볼 수 있지요.

▶ **구덩이의 효과** (분산식 침투)

침투 효과를 높이기 위해 구덩이를 파는 방법이 있어요. 이는 침투되는 면적을 높여서 더욱 많은 빗물이 지하로 침투되도록 도와줄 뿐 아니라 일시적으로 빗물이 유출되지 않도록 잡아주어서 홍수에도 좋은 효과가 기대되지요.

A와 C의 비교 결과, A보다 C가 더욱 빠르고 많은 빗물을 침투시키는 것을 볼 수 있는데, 이는 구덩이가 침투되는 면적을 높였기 때문이에요. 뿐만 아니라 빗물이 일시적으로 구덩이에 모이는 효과로 인해 유출량이 현저하게 적어지는 것을 볼 수 있어요.

B와 D 역시 A와 C의 실험 결과와 같은 효과를 볼 수 있었는데, 특히 녹지에 구덩이를 파는 것이 가장 좋은 침투 효과와 빗물 유출량 감소를 보이는 것으로 알 수 있었답니다.

6장 우리나라의 우수한 빗물 관리

주요 나라들의 강수량과 분산치

우리나라는 점점 물 관리가 어려워지고 있어요. 지난 30년 정도의 평균치인 공식적인 한국의 1년 평균 강우량은 1,283mm이에요. 그런데 기후변화로 인해 요즘 들어 이 수치가 점점 높아지고 있어요.

특히 아래의 표를 보면 30년간의 강수 평균보다 최근 5년간의 강수 평균치가 7,8월에 더욱 집중되는 것을 볼 수 있어요. 여름에 강우가 집중되고 다른 계절에는 물이 부족할 수밖에 없는 것을 의미하지요.

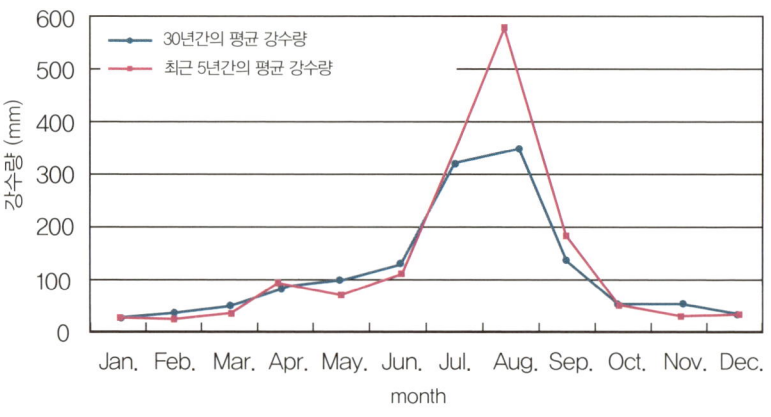

▶ 우리나라의 최근 강수패턴의 변화

뿐만 아니라 우리나라는 다른 나라에 비해 물 관리가 어려워요. 한국은 비가 1년 동안 얼마나 고르게 내리는가를 따져 보기 위해 만든 분산치가 세계에서 높은 나라에 속해요. 이는 우리나라가 다른 나라에 비해 비가 집중적으로 내린다는 것을 의미하지요.

이는 물 관리가 댐이나 지금까지의 물 관리 방식인 '중앙집중식'에서, 빗물 관리 방식인 '분산형'으로 바뀌어야 한다는 의미예요. 이것에 관해 더 자세하고 구체적인 자료를 위해 세계 주요 나라를 선정하여 한국의 강수량과 분산치와 비교해 보고자 해요.

▶ 분산 : 통계에서 변량이 평균으로부터 흩어져 있는 정도를 나타내는 값. 변량 X의 평균값을 E(X)라 할 때, {X−E(X)}2의 평균값, σ 2. 분산이 0에 가까울수록 자료가 평균값에 집중되어 있어서 흩어짐이 없어요.

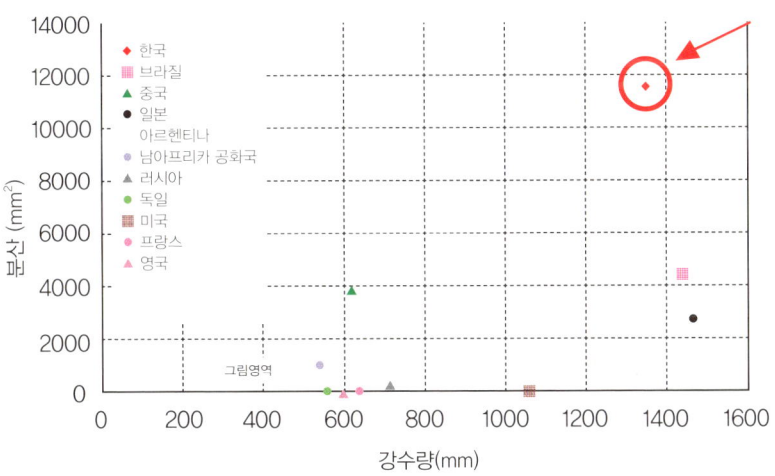

▶ 세계 주요 나라의 강수량 연 평균치와 분산치

위의 표를 보면 우리가 알고 있는 대부분의 나라보다 우리나라에서 비가 집중적으로 내리고 있다는 걸 알 수 있어요. 옆에 있는 일본이나 중국에 비해서도 집중적으로 비가 내린다는 것을 알 수 있지요. 이런 차이를 봤을 때, 우리나라가 얼마나 빗물 관리가 힘들고 필요한 나라인지 알 수 있습니다.

생활수준이 향상되고 그에 따른 물 소비의 급증으로 90년대 이후에 우리나라는 벨기에, 체코, 모로코, 소말리아 등과 함께 UN이 지정한 물 부족 국가로 전락한 상황이며, 이에 따라 물 절약의 필요성과 대체 수자원의 개발이 절실한 상황이에요. 또한 지난 몇 십 년 사이에 급속도로 이루어진 도시 개발은 자연적인 물 순환 체계를 망가뜨려 놓았어요. 이에 대한 해결책으로 이미 세계 여러 선진국에서는 빗물 이용이 활발하게 이루어져 효율적인 물 순환 체계를 보유하고 있지요.

우리나라도 역시 2,000년 동안 이런 열악한 환경 속에서도 살아남을 수 있었던 건 선조들의 빗물 관리 지혜가 있었기 때문이에요. 선조들의 빗물 관리를 통해 빗물의 중요성과 함께 궁극적으로 물의 중요성을 일깨워 빗물 이용의 지혜를 배워 보도록 해요.

비를 재다 – 측우기의 구조

▶ 측우기

세종 23년(1441년) 세계 최초로 강우량을 측정하는 측우기를 만들었어요. 당시 측우기는 관상감과 각 도의 각 역에 설치되어 강우량을 측정하였으며, 지방에서는 측정한 기록을 정기적으로 보고했지요. 측우기로 측정한 1770년대 이후 서울의 강우량에 관한 기록은 현재까지 남아 있는 세계에서 가장 긴 강우량 측정기구로 평가되고 있어요. 한국은 홍수로 인해 일 년에도 대여섯 번씩 피해를 입었다고 해요. 홍수나 가뭄이 들면 흉년이 들어 백성들의 살림이 가난해졌기 때문에 이를 걱정한 세종대왕이 비의 양을 정확히 측정해 자연재해를 과학적으로 이겨내려고 했어요.

또한, 측우기는 이탈리아 갈릴레이의 온도계 발명(1592년)이나 토리첼리의 수은기압계 발명(1643년)보다 훨씬 앞서서 발명된 세계 최초의 기상관측장비였어요.

측우기의 길이는 안지름이 주척(周尺)으로 7인치(14.7cm), 높이 약 1.5척의 원통으로 되어 있는데 직경은 7촌이에요. 측우대(臺)를 만들어 그 위에 놓고, 비가 온 후에는 그 속에 괸 물의 깊이를 주척으로 재어서 기록했어요. 영조 46년(1770년)에는 다시 원본에 따라 여러 개를 만들어서 관상감과 팔도(八道)와 양도(兩都)에 놓게 하였다고 해요. 이때에 만든 대석(臺石)은 포백척(73cm)으로 높이가 1척, 너비가 8촌이고, 가운데 깊이 1촌의 동그란 구멍이 있어서 여기에 측우기를 올려놓게 되었어요. 현재 세종 때 제작한 측우기는 물론 영조 때 다시 제작한 측우기도 남아 있지 않고, 다만 근세에 만든 측우기의 진품(眞品) 1개가 중앙기상청에 보관되어 있어요.

금영측우기(錦營測雨器)는 상·중·하 3단으로 구성되어 있는데, 가운데 부분과 밑바닥에 여러 자의 한자가 새겨져 있어요. 이러한 한자를 통하여 측우기의 크기, 무게, 제작 연대 등을 짐작할 수 있어요.

이렇게 만들어진 측우기는 전국 각 지방에 설치돼 빗물을 측정했고 그 결과가 중앙 정부로 보고됐어요. 우리나라의 빗물 활용의 역사가 세계적으로 탁월했음을 알 수 있어요.

이것을 통해 우리 선조들은 물 관리의 초점을 강이 아니라 빗물

에 맞췄다는 것을 알 수 있지요. 우리 조상들은 빗물을 받아서 썼기 때문에 물이 부족하지 않았답니다. 물 관리에 관한 한 우리는 다른 어느 나라보다도 발전된 지식을 가지고 있었어요.

실험으로 알아보기

 준비물

페트병, 자, 유성 사인펜 또는 투명테이프

실험방법

① 빈 페트병을 적당한 크기로 자른다.

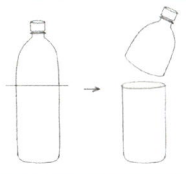

② 1cm 간격으로 눈금을 찍어서 물의 높이를 잴 수 있도록 한다. 유성 사인펜을 이용하거나 투명 테이프로 붙여서 지워지지 않도록 한다.

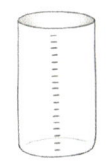

③ 비가 오는 날 밖에 두고, 빗물의 양을 살펴본다.

비를 모으다 – 벽골제

　김제 벽골제는 서기 330년에 만들어진 최초의 저수지예요. 벽골제의 길이는 60,843척으로 18킬로미터에 이를 정도로 엄청나지요. 둘레 역시 77,406보로 140킬로미터 정도 되며 수면의 면적은 약 5000헥타르에 이른답니다.

　이 저수지를 만드는 기술은 일본에도 전파되었어요. 김제 벽골제가 만들어지고 280여 년 후인 서기 616년에 축조된 일본에 있는 사야마 이께라는 저수지를 예로 들 수 있어요. 이 저수지의 높이는 18.5미터, 제방의 길이 730미터, 저수지 주위의 길이는 2850미터, 수면의 면적은 36헥타르, 저수용량은 280만 톤(그중 180만 톤은 관개용, 100만 톤은 홍수조절용)으로 벽골제에 비교하면 그 규모를 알 수 있어요. 수면적이 5000헥타르인 김제 벽골제에 비하면 36헥타르의 면적은 전혀 상대가 되지 않는 작은 크기이지요(7.2/1000). 이것을 보아도 우리나라 선조들이 얼마나 빗물 관리에 관심을 가지고 있었으며 그 기술 또한 엄청난 것이었는지를 알 수 있어요.

▶ 김제 벽골제

선조들의 분산형 물 관리 – 다랭이 논과 둠벙

우리 선조들은 저수지를 만드는 기술뿐 아니라 관리하는 기술 또한 대단했어요. 우리 선조들은 봄 가뭄과 여름 홍수를 겪는 몬순(계절풍) 지역에서 살아남기 위해 물 관리 기술을 터득했지요. 강보다 높은 곳에 위치한 저수지, 턱을 높여 빗물이 고이게 한 다랭이 논(계단식 논), 그리고 곳곳에 연못을 파두었을 뿐 아니라 농사를 위한 둠벙(웅덩이) 같은 것도 만들었어요.

이렇게 산의 경사면에 빗물을 모아 농사를 짓는 남해 다랭이 논은 작은 물그릇이 아니에요. 이 논은 홍수를 방지하고 지하수를 공급하는 중요한 기능을 하지요. 논에는 여러 민물고기가 살았고, 벼농사는 홍수 조절 기능을 해요. 전국 110만 헥타르의 논에서 가둘 수 있는 빗물의 양은 36억 톤으로 춘천댐의 총 저수량인 1억 5천만 톤의 24배나 돼요. 논의 저수 능력을 댐 건설 비용으로 따지면 15조 5천340억이나 됩니다. 또한 논의 지하수 저장 능력은 기존 저수지 저수량의 3~4배나 되지요. 논물 가운데 45%가 지하로 저장되어서 물 문제를 해결해 주어요. 이는 소양강댐 저수량의 8.3배랍니다. 전 국민 수돗물 사용량 58억 톤의 2.7배에 해당하는 양이지요.

논은 대기 정화 기능도 있어요. 벼는 지구상의 식물 중 가장 많은 산소를 공급하고 가장 많은 탄산가스를 흡입해요. 한여름에 대

▶ 남해 다랭이 논

기 냉각 기능을 하지요. 여름철 전국의 논에서 대기로 증발되는 물의 양은 하루 8천만 톤이에요. 이것이 뜨거운 대기의 온도를 낮추어 준답니다.

이런 논과 둠벙을 통해 우리 선조들이 비를 모으고 분산형으로 물 관리하여 선으로 이루어진 강물이 아니라 전체 유역에 떨어지는 빗물을 관리하는 지혜를 충분히 엿볼 수 있지요.

비를 마시다 – 제주 ᄎᆞᆷ항

제주도는 화산섬으로서 돌이 많고 토질이 척박하며, 비가 오더라도 빗물이 금방 지반에 스며들어 버리지요. 그래서 식수의 사정이 넉넉하지가 못하였고, 특히 중산간 지역은 더욱 물이 부족하지요. 제주도 중산간 마을에서 물 문제를 해결하기 위해 고안해 낸 것이 'ᄎᆞᆷ항'입니다.

이 ᄎᆞᆷ항(촘항)은 나무에 짚을 감싸 빗물을 받아 쓰던 항아리를 지칭합니다. 물이 쉽게 닿을 수 있는 족낭(때죽나무) 가지나 짚을 이용하여 처녀의 머리댕기처럼 땋아 'ᄎᆞᆷ'을 만들어 묶고 나무에 그 ᄎᆞᆷ을 묶은 뒤 그 밑에 항아리를 놓아 물이 ᄎᆞᆷ을 타고 흐르게 하여 빗물을 모으지요. 가정에서는 이 물을 이용하여 여러 용도로 사용하였고, 특히 먹는 물로 주로 사용하였지요. 이는 제주도 내 가정에서의 물 자급율을 높이고 주부들이 멀리서부터 물을 길러오는 데 드는 수고를 줄일 수 있게 했답니다. 제주도 옆에 작은

▶ 제주 촘항

섬 우도에 가면 아직도 빗물통이 집집마다 있어요.

ㅊ、ㅁ항은 옛날 제주도에서 물이 얼마나 귀했는지 알게 해주는 물건이며 선조들의 물 관리 지혜를 엿볼 수 있는 부분이지요. 이런 선조들의 지혜를 봐도 그 당시 빗물 관리의 철학이나 기술이 세계 챔피언이었다는 것을 알 수 있어요. 이러한 기술을 바탕으로 전 세계 사람들에게 물 관리 방법을 알려주어 다시 한 번 세계 챔피언이 되도록 노력해야겠어요.

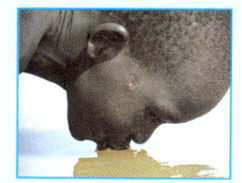

부록

외국의 빗물 활용법
빗물의 pH 측정

일본 스미다구, 홍수 걱정에서 탈출!

일본은 오래전부터 빗물의 효용성을 인정하고 일상생활에 이용해 왔어요. 도쿄도에 있는 스미다구는 20년 전까지만 해도 물에 잘 잠기는 지역이었어요. 집중호우가 내리면 빗물이 하수도로 빠져나가지 못하고 거꾸로 올라오는 바람에 도시가 물에 잠기곤 했지요. 게다가 이웃 지역에서 수돗물을 끌어다가 써서 늘 물 부족 현상에 시달렸어요.

▶ 스미다 시청은 일본에서 빗물을 이용한 열세 번 째 공공기관이에요.

▶ 일본 스미다구청 옥상에 있는 빗물 수집 시설이에요.

이러한 문제를 근본적으로 해결하기 위해 공무원들과 주민들이 머리를 맞대고 의논하기 시작했어요. 그 결과 스미다구에 있는 모든 건물마다 빗물 저장조를 설치하기로 했어요.

1991년부터 설치하기 시작한 빗물 이용 시설은 공공건물은 물론 상가, 일반 주택 등 200여 개 건물에 갖춰졌어요. 이 시설로 집중호우가 내려도 홍수가 나는 일이 없어졌어요.

신이 난 주민들은 스스로 빗물 이용 시설을 관리해서 평소에는 생활용수로 사용하고 화재와 지진 같은 비상시에도 효과적으로 쓰고 있어요. 빗물을 모아 홍수도 예방하고 비상시 물 부족 문제까지 한꺼번에 해결한 거예요.

그리고 2010년 말 완공 예정인 '스미다 수퍼타워'에 2,600톤 규모의 빗물 이용 시설을 설치하고 있어요. 이것은 세계에서 가장 큰 전파탑이라고 해요. 이 탑이 완공되면 스미다구 주민들은 빗물을 어디에 쓸 지 행복한 고민을 하게 될 거예요.

사쿠라시의 특별한 빗물 시설

동경에서 가까운 치바현 사쿠라시에는 아주 특별한 빗물 시설이 있어요. 바로 도로 가장자리에 설치된 빗물 침투 시설이에요. 비가 오면 이 시설을 통해 빗물이 깨끗해지고 땅으로 스며들어가

▶ 일본 치바현은 아스팔트 도로에서도 빗물을 모을 수 있는 필터를 개발했어요.

지하수가 돼요. 그 뒤 하천으로 흘러가 사시사철 많은 물이 흐르지요.

가가시미즈 주위의 거의 모든 집들에는 빗물 침투 시설이 설치

되어 있어요. 뿐만 아니라 세계 최초로 아스팔트 도로에서도 빗물을 모아 지하로 스며들게 하는 빗물 침투 필터를 개발했어요. 치바현은 앞으로 30년 내에 전 도로에 이 시설을 설치할 계획이에요. 이 모든 시설은 처음부터 시민의 힘으로 이루어진 것이었지요.

반다아체를 살린 빗물 저장조

인도네시아 반다아체는 우리나라보다 두 배의 많은 비가 내리지만, 국민의 대다수가 안전한 물을 공급받지 못하고 있어요. 못사는 사람들은 물을 사 먹는 데 소득의 30%까지 지출하고 있답니다. 엎친 데 덮친 격으로 2004년에는 지진해일이 발생해서 수십만 명의 사상자와 이재민이 발생했지요.

▶ 지진해일로 마을을 떠나야 했던 반다아체 사람들은 빗물 저장조를 설치해 다시 돌아올 수 있었어요.

그로부터 2년 후, 전 세계의 도움으로 복구 작업이 진행되었지만 사람들은 하나둘씩 떠나기 시작했어요. 바로 물이 없었기 때문이었지요. 2007년과 2008년에 서울대학교 건설환경공학부 학생들이 그곳으로 봉사활동을 갔어요. 일반 주택과 보건소, 유치

원 등에 5톤 가량의 빗물 저장조를 설치해 생활용수로 사용할 수 있게 도와줬어요. 마을을 떠났던 주민들은 다시 돌아올 수 있었지요. 반다아체 사람들은 빗물을 활용해 물 공급이 이루어지자 걱정 없이 살 수 있게 되었어요.

친환경 호주의 빗물 이용 방법

호주의 농업지역에서는 많은 사람들이 빗물을 사용하고 있어요. 농업지역에서의 빗물 이용은 지역에 따라 30%에서 100%까지 다양하지요. 특히 남호주는 빗물 저장조의 이용이 널리 퍼져 있어요. 1981년 남호주 정부가 시작한 빗물 저장조 보급 캠페인은 아직까지도 진행 중이지요.

▶ 남호주에서는 빗물 저장조 보급 캠페인을 진행하고 있어요.

시드니 올림픽경기장은 빗물을 저장해 화장실 용수로 쓰고 있어요. 1,500개의 화장실에서 빗물 수도를 사용하는데, 50%에 가까운 물 절약이 가능해요. 겨울에는 너무 건조해서 빗물을 이용하지 못해요. 하지만 올림픽 이후 여름철의 빗물을 저장해 화장실 용수로 활용하고 있어요.

또한 록힐 공원의 모든 주택에는 빗물 저장조가 설치되고 있어요. 사용한 빗물은 저수지나 연못으로 들어가서 정수된 후 다시 공원을 푸르게 만드는 데 이용하지요.

호주의 제일 남쪽에 있는 타즈매니아 섬에는 구름 주스가(Cloud juice)가 있어요. 이것은 빗물을 이용해서 만든 생수로 아주 비싼 값에 판매되고 있지요.

호주의 대표적인 콴타스 항공에서는 일등석과 비즈니스석에 빗물 생수인 구름 주스를 공급해요.

레인 하우스

동경대 교수인 스즈키 씨의 집은 레인 하우스로 유명해요. 이 집은 물의 순환을 집으로 옮긴 거예요. 빗물과 햇빛의 힘으로 방 안에 온도를 조절하고 정원을 가꿔요. 이렇듯 빗물을 이용해서 삭막한 도시를 바꿀 수 있지요.

대만의 환경을 살린 빗물

　대만은 놀라운 경제성장과 함께 대규모 산업단지가 늘어났어요. 필요한 물이 많아서 큰 규모의 저수지를 건설하다 보니 환경 생태계가 파괴되었지요.
　대만 국민들은 환경을 살려야겠다는 생각을 했어요. 그래서 빗물을 사용하고 물을 다시 쓰는 방법이 연구되었지요. 특히나 대만에서의 빗물 이용은 학교나 각종 사업 분야 및 다양한 조직에서 볼 수 있어요.
　대표적인 예로 타이베이시 동물원이 있어요. 이 동물원은 900톤 정도의 빗물을 모을 수 있는 시설을 갖추고 있어요. 이 시설에서 모아진 빗물은 정원을 가꾸거나 화장실 등에서 쓰이지요.

적극적으로 빗물을 이용하는 독일

독일에서는 대기오염 때문에 빗물을 마시는 물로 사용하지는 않아요. 하지만 정원이나 화장실, 세차 등에 빗물을 이용해서 제한된 지하수를 보존하고 있어요.

베를린에 있는 소니센터에서는 저장된 빗물을 이용해 건물 외부를 가꾸거나 화장실에서 사용하고 있어요. 화재가 발생할 경우에도 빗물을 쓰지요. 하노버에 있는 엑스포 박람회장에서는 5개월의 박람회 기간 동안 빗물을 사용해 수돗물을 절약했어요. 또한 코블렌쯔의 기술대학에서도 나무로 덮인 지붕을 통해 빗물을 모아서 화장실 용수나 소방 용수로 사용하고 있지요.

미국에서도 빗물을 쓰자!

  환경에 대한 관심이 높아지면서 미국에서 가장 처음으로 빗물 저장 시설의 설치를 지원한 곳은 캘리포니아였어요. 캘리포니아에서는 물을 생산하는 비용이 늘어나고 1976년에서 1977년까지의 가뭄 때문에 빗물에 관심을 가졌어요. 하와이와 같은 섬에서는 농사를 짓거나 수도 시스템이 없는 곳에서 빗물을 많이 쓰고 있어요.
  건조한 지역인 텍사스에서는 수도 시스템이 들어오면서 빗물 이용 시설이 많이 사라졌지요. 하지만 다시 빗물 이용에 대한 관심이 높아지고 있어요. 수도와 우물물을 쓰는 것보다는 빗물을 이용하는 것이 경제적이기 때문이지요.

물 부족 현상을 빗물로 해결한 영국

영국은 1995년 심각한 물 부족 현상을 겪었어요. 물을 공급하던 회사들은 한계를 느꼈고 국민들은 깨끗한 물이 제한되었다는 것을 깨달았어요.

영국의 대표적인 빗물 이용 시설은 밀레니엄 돔이에요. 이 건물은 지붕에서 받은 빗물로 화장실 용수의 20%를 사용하고 있어요. 남은 빗물은 처리과정을 거친 후 연못에 저장되지요. 연못에 물이 넘칠 경우에는 템스 강으로 보내요.

▶ 영국의 대표적인 빗물 이용 시설은 밀레니엄 돔이에요.

가정용 빗물 이용 시설이 많은 태국

태국의 동북부 지대는 큰 하천이 없고 지하수에 염분이 많아 마실 물이 부족했어요. 그래서 예전부터 빗물을 이용했어요. 특히 1980년부터 가

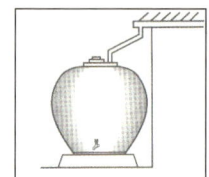
▶ 태국의 빗물 저장조예요.

정용 빗물 이용 시설을 개발해 왔어요. 그래서 철근 콘크리트로 된 가정용 빗물 저장조가 수백만 개나 건설되었지요.

기타 여러 나라들의 빗물 이용

선진국과는 달리 인도, 캄보디아 등의 아시아 국가들과 케냐, 탄자니아 등의 아프리카 국가들은 수도 시설이 부족했어요. 그래서 일찍부터 빗물의 이용을 생활화했어요.

그러나 빗물 저장조의 구입이 어려워 마실 물을 구하기 위해 먼 길을 오가는 사람들이 많아요. 이러한 어려움을 해결하기 위해 국제기구에서 빗물 저장 시설을 보급하고 있어요.

▶ 캄보디아에서 널리 사용하고 있는 빗물 저장조예요.

글쓴이 한무영 서울대학교에서 토목공학과를 졸업한 뒤, 미국 텍사스 오스틴 주립대학에서 환경공학으로 박사학위를 받았지요. 지구의 건전한 물 순환을 위해 고민하던 중에 빗물이 해답이라는 생각을 품고 2001년 서울대학교 빗물연구센터를 설립했습니다.

지금은 서울대학교 건설환경공학부 교수, 서울대학교 빗물연구센터 소장, (사)빗물모아 지구사랑(Rain for All) 공동대표, 세계물학회(IWA) 빗물관리 전문분과(Rainwater Harvesting and Management Specialist Group) 위원장으로 빗물 및 건전한 도시의 물순환에 대한 올바른 이해와 새로운 가치를 부여하기 위한 연구와 활동에 힘쓰고 있습니다.

저서와 역서로 『기후변화에 대비한 도시의 물 관리』, 『빗물과 당신』, 『지구를 살리는 빗물의 비밀』, 『빗물을 모아쓰는 방법을 알려드립니다』, 『빗물이용기술 핸드북』, 『빗물이용 지구사랑』, 『하수와 우수의 관리를 위한 환경친화적 기술』, 『빗물의 비밀』 등이 있으며 이를 통해 사람들의 빗물에 대한 올바른 인식 재고를 위해 노력하고 있습니다.

그간의 활동을 인정받아 2005년 세계환경공학과학교수협의회(AEESP) 최우수논문상과 2008년 SBS 물환경대상 두루미상 그리고 〈기후변화 적응을 위한 레인시티의 확산〉이란 프로젝트로 2010 IWA의 창의혁신프로젝트 상, 대한민국 국가녹색기술대상을 받았으며, 최근에서는 인도네시아, 베트남, 도서지역 등에 6년 동안 정기적으로 빗물이용시설을 설치한 공로를 인정받아 서울대학교에서 첫 번째 사회봉사상을 받았습니다.

그린이 이은미 연세대학교 영문학과를 졸업한 뒤, 한국영화아카데미에서 애니메이션 연출을 전공했습니다. 단편 애니메이션 「In Your Eyes」와 장편 애니메이션 「제불찰씨 이야기」를 연출했습니다. 작품으로 『상사가 없는 월요일』, 『프라하』, 『철학의 에스프레소』, 『나는 바람처럼 자유롭다』, 『반구대 암각화 이야기』, 『우리 조상의 유배 이야기』, 『장순근 박사가 들려주는 바다 쓰레기의 비밀』 등의 표지 및 삽화 일러스트가 있습니다.

제품명: 한무영 교수와 함께하는 빗물 탐구생활
제조자명: 도서출판 리잼
제조국명: 대한민국 | **전화:** 02-719-6868
주소: 서울시 마포구 월드컵북로9길 18 2층
제조일: 2017년 10월 12일 | **사용 연령:** 11세 이상
* KC마크는 이 제품이 공통안전기준에 적합하였음을 의미합니다.

⚠ **주의** 아이들이 책의 모서리에 다치지 않게 주의하세요.

한무영 교수와 함께하는

빗물 탐구생활

1판 1쇄 발행 2012년 6월 20일
1판 3쇄 발행 2017년 10월 12일

글쓴이 한무영 | 그린이 이은미
펴낸이 안성호 | 편집 조인성 강별 | 디자인 이보옥
펴낸곳 리잼 | 출판등록 2005년 8월 9일 제 313-2005-00176호.
주소 03999 서울시 마포구 월드컵북로9길 18 2층
대표전화 02-719-6868 팩스 02-719-6262
홈페이지 www.rejam.co.kr 전자우편 iezzb@hanmail.net

ⓒ한무영 ⓒ이은미

• 잘못 만들어진 책은 바꾸어 드립니다.
• 이 책의 무단 복제와 전재를 금합니다.
• 책값은 뒤표지에 표시되어 있습니다.

이 도서의 국립중앙도서관 출판시도서목록(CIP)은 e-CIP홈페이지(http://www.nl.go.kr/ecip)와
국가자료공동목록시스템(http://www.nl.go.kr/kolisnet)에서 이용하실 수 있습니다. (CIP제어번호: CIP2012002412)

ISBN 978-89-92826-79-2 (43530)

부록: 빗물의 pH 측정

1. 깨끗한 용기에 빗물을 받는다.
2. 아래 비닐봉투에 든 pH(수소이온농도) 종이를 빗물에 가볍게 담근다.
3. 색깔이 변한 pH 종이를 아래 색 대조표와 비교해 본다.
4. pH가 7보다 작은 수용액은 산성, pH가 7보다 큰 수용액은 알칼리성이다.
5. 자신이 받은 빗물의 산성도를 확인한다.(깨끗한 빗물인 경우 pH 5.6 정도)

pH 색 대조표